日本の美をたずねて

大人絶景旅

'21-'22年版

京都

大人の旅に出よう。

大人絶景旅 京都

- 4 MAP 京都広域図
- 6 京都エリアガイド

京都
- 8 春 Spring
- 10 夏 Summer
- 12 秋 Autumn
- 14 冬 Winter
- 16 雅 Miyabi
- 18 テーマ別モデルプラン
- 20 2泊3日王道プラン
- 21 日帰り春爛漫プラン
- 22 日帰り錦繍プラン
- 23 仏像と庭園を巡るプラン
- 24 郊外のパワースポットプラン
- 25 京都瓦版

清水寺〜祇園
- 25 MAP 清水寺〜祇園
- 26 エリア概要
- 28 MAP 清水寺〜祇園
- 30 エリアコース
- 32 清水寺〜祇園 絶景名所ナビ

清水寺／産寧坂／二寧坂・一念坂／八坂の塔（法観寺）／八坂庚申堂／高台寺／石塀小路／無碍山房 Salon de Muge／円山公園／八坂神社／花見小路／建仁寺

金閣寺〜北野天満宮
- 91 金閣寺 北野天満宮
- 92 MAP 金閣寺〜北野天満宮
- 94 エリア概要
- 96 エリアコース
- 98 金閣寺〜北野天満宮 絶景名所ナビ

金閣寺（鹿苑寺）／龍安寺／仁和寺／妙心寺／退蔵院／北野天満宮／船岡温泉／千本釈迦堂（大法恩寺）／平野神社／上七軒／今宮神社

- 109 名物名品3 唐紙
- 110 COLUMN いざ茶の湯の聖地へ

嵐山
- 111 嵐山
- 112 MAP 嵐山
- 113 エリア概要
- 114 エリアコース
- 116 嵐山 絶景名所ナビ

天龍寺／渡月橋／茶寮八翠／星のや京都／竹林の道／野宮神社／斎宮行列（野宮神社）／旧嵯峨御所 大本山 大覚寺／平野屋／祇王寺／あだし野念仏寺／保津川下り／嵯峨野トロッコ列車／落柿舎／宝筐院／厭離庵

- 127 名物名品4 お守り・ご朱印帖
- 128 嵐山からひと足 桂・松尾&高雄
- 130 COLUMN 百人一首のふるさと

【表紙の写真】
東福寺（→P.12,150）の
初夏の青もみじ
撮影◎マツダナオキ

CONTENTS
大人絶景旅 '21-'22年度

京都

本書は、「絶景で選ぶ、絶景を旅する。」をコンセプトに、日本の美しい景色や伝統、名物名品を巡るガイドブックです。厳選したスポットをそのまま巡れるコースで提案しているので無理なく無駄なく、大人の絶景旅を満喫してほしいと思います。

取り外せる付録
- ●京都市内 バス路線図
- ●主要バス乗り場 MAP
- ●京都駅バス乗り場 MAP
- ●京都の通り名案内

大判MAP

銀閣寺 南禅寺

49 MAP 銀閣寺～南禅寺
50 銀閣寺～南禅寺 エリアコース
52 エリア概要
54
56 銀閣寺～南禅寺 絶景名所ナビ
　南禅寺／哲学の道／青蓮院門跡／インクライン／
　京都市動物園／岡崎さくら・わかば回廊十石舟めぐり／
　平安神宮／京都モダンテラス／重森三玲庭園美術館／
　細見美術館／一本橋／金戒光明寺／真如堂／
　京都国立近代美術館／白沙村荘 橋本関雪記念館／京都大学
67 名物名品 2 湯豆腐
68 銀閣寺からひと足 叡電で行く絶景旅
70 COLUMN 琵琶湖疏水と名庭のつながり

京都で食べる

71 MAP 河原町・烏丸
72 京料理
74 老舗の丼・麺
76 錦市場
78 町家ランチ
80 おばんざい
82
84 夜ロケーション
86 レトロカフェ
88 京甘味
90 モーニング

伏見～宇治

131 MAP 伏見～宇治
132 伏見～宇治 エリアコース
133 エリア概要
134
136 伏見～宇治 絶景名所ナビ
　伏見稲荷大社／伏見十石舟／鳥せい本店／松本酒造／平等院／
　朝日焼 shop & gallery／辻利兵衛 本店／三室戸寺
145 名物名品 5 生茶ゼリイ
146 COLUMN 京都を支える名水
147 テーマで楽しむ絶景名所ナビ
　正寿院／東福寺／随心院／元離宮二条城／宝泉院／東寺（教王護国寺）／
　三千院門跡／三十三間堂／京都文化博物館／京都鉄道博物館／
　村上開新堂／デザートカフェ長楽館／フォーシーズンズホテル京都
156 まだある古都の世界遺産
　西本願寺／下鴨神社／上賀茂神社／醍醐寺／宇治上神社

京都で買う

157
158 古都の美味
160 雅な京菓子
162 京雑貨の粋
164 京都駅みやげ

[巻末インフォメーション]

166 京都交通ガイド
　京都へのアクセス／京都市内のアクセス
172 京都歳時記
174 索引

本書の使い方

データの見方

☎ = 電話番号　　所 = 所在地
時 = 営業時間・開館時間　レストランでは開店～ラストオーダーの時間、施設では最終入館・入場時間までを表示しています。
休 = 休み　　原則として年末年始、臨時休業などは除いた定休日のみを表示しています。
料 = 料金　　入場や施設利用に料金が必要な場合、大人料金を表示しています。
交 = 交通　　最寄り駅とそこからの所要時間、もしくは最寄りICとそこからの距離を表示しています。

MAP P.00A-0 その物件の地図上での位置を表示しています。
P = 駐車場　駐車場の有無を表示しています。
▶ P.038　本書で紹介しているページを表します。

【ご注意】
本書の料金は、原則として取材時点での税率をもとにした消費税込みの料金を掲載していますので、ご利用の際にはご注意ください。
★本書に掲載したデータは2020年5月現在のものです。
★ホテル料金にはサービス税など、各ホテルにより異なります。料金は2名1室利用の場合の1名あたりの最低料金です。
★本書出版後、内容が変更される場合がありますので、ご利用の際は必ず事前にご確認ください。
★ショップで紹介している商品は売り切れ、または価格が変更になる場合があります。また料金・時間・定休日・メニューなどは変更になる場合がありますので、あらかじめご確認のうえお出かけください。
★本書に掲載された内容による損害等は弊社では補償しかねますので、予めご了承ください。

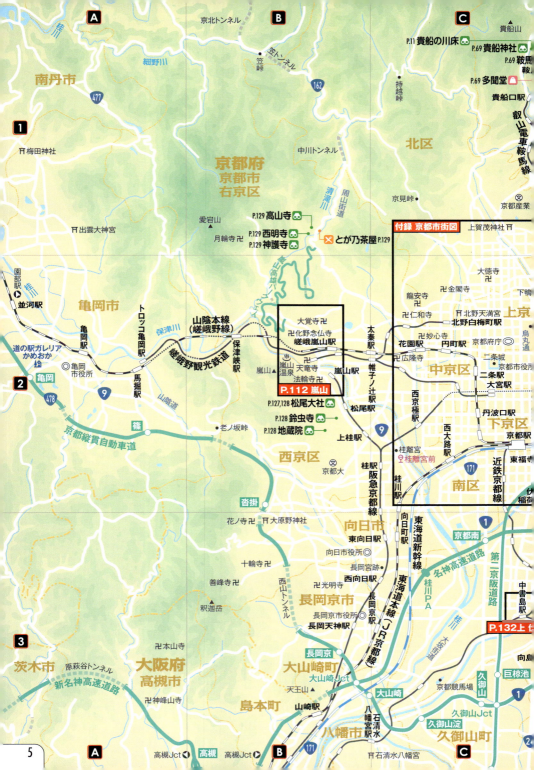

さっとわかる！【全域】
京都エリアガイド

見どころたっぷりの京都。観光に出かける前に街の特徴をチェックしよう。

美しい東山文化に出合う
銀閣寺〜南禅寺 ▶P.49

観光のコツ エリアの南北をつなぐ哲学の道は、京都を代表する散策路。四季折々に変化する美しい風景を楽しみつつ、銀閣寺や南禅寺など落ち着きのある寺を巡りたい。

絶景ナビ
- 南禅寺 ▶P.56
- 青蓮院門跡 ▶P.60
- インクライン ▶P.62
- 平安神宮 ▶P.63

これぞ京都！な大定番はここ
清水寺〜祇園 ▶P.25

観光のコツ 清水寺、八坂の塔、高台寺、祇園の街並みなど、観光名所が満載。多彩なグルメやみやげ店が立ち並ぶので、観光・グルメ・買い物を欲張りに楽しもう。

絶景ナビ
- 清水寺 ▶P.32
- 産寧坂 ▶P.36
- 高台寺 ▶P.38
- 花見小路 ▶P.41
- 祇園白川 ▶P.44

キホン1 移動
京都はコンパクトなので1泊2日も可能

京都市内は実にコンパクト。1泊2日の旅行でも、清水寺や祇園、嵐山といった人気エリアは十分回れる。短い時間でもたっぷり楽しめるので気軽に出かけよう。2泊3日なら郊外にも足を延ばしたい。

キホン2
街なかの道は「碁盤の目」になっています

通りが碁盤の目になっている京都では、北に進むことを「上る」、南に進むことを「下る」と言う。「四条烏丸下ル」は「四条烏丸の交差点を南に進んだ場所」のこと。移動がスムーズになるの覚えておこう。

キホン3
地下鉄と市バスは組み合わせるのがベストです

京都観光の足として便利な京都市バス。ピンポイントで移動できるメリットの反面、観光シーズンは渋滞に巻き込まれることも。渋滞知らずの地下鉄と組み合わせて移動するのがもっともスムーズ！

キホン5 人混みを避けるなら郊外がおすすめです
自然豊かな郊外の観光地は、街なかから1時間ほどで移動できる場所がほとんど。比較的人も少なくのんびりできる。

キホン4 春＆秋の渋滞を甘くみてはいけません
地元の人も恐れるほどの混雑となる春・秋。渋滞も多いのでマイカーでの観光は言語道断！移動は電車がおすすめだ。

キホン 6

基本的に予約がベター。行く直前には電話確認を

人気店は基本的にどこも予約で満席と思っておこう。お目当ての店があれば早めに予約を。当日決める場合も、行く前に電話しておくと安心。

キホン 7

カフェはピークを外すのがおすすめです

最近は行列ができるカフェや甘味処も多い。ブランチや食後のデザートで利用するなど、ちょっと時間を外せばスムーズに入店できることも。

キホン 8

まとめ買いは人気みやげが揃う京都駅で!

荷物は最後までできる限り増やしたくないもの。京都駅では人気みやげがほぼ揃うので、お菓子などのまとめ買いは新幹線に乗る直前に京都駅で。

キホン 9

狙うべきはその店でしか買えない限定感のあるアイテムです

本店限定や季節限定などのアイテムが充実している店も多数。せっかく京都に来たら、そのときだけのレア感のある限定品を手に入れよう。

食べる ❌

ベスト5 名物はコレ

1 京料理 ▶P.74

2 おばんざい ▶P.82

3 京甘味 ▶P.88

4 レトロカフェ ▶P.86

5 丼&麺 ▶P.76

買う 🛍

ベスト5 名品はコレ

1 京菓子 ▶P.158

2 ごはんのおとも ▶P.160

3 布もの雑貨 ▶P.163

4 老舗の名品 ▶P.162

5 紙もの雑貨 ▶P.163

3つの世界遺産が連なる
金閣寺～北野天満宮 ▶P.91

観光のコツ 金閣寺、龍安寺、仁和寺と、世界遺産の名刹が集まるエリア。学問の神様・北野天満宮や京都最古の花街・上七軒なども近いので、ぜひ併せて巡りたい。

絶景ナビ
- 金閣寺 ▶P.98
- 龍安寺 ▶P.100
- 仁和寺 ▶P.102
- 妙心寺 ▶P.104

金閣寺～北野天満宮

金閣寺

嵐山

JR山陰本線

河原町・烏丸 ▶P.72

渡月橋

JR東海道新幹線

東寺

鴨川

風光明媚な京都の景勝地
嵐山 ▶P.111

観光のコツ かつて貴族の別荘地だった嵐山。渡月橋や竹林の道、天龍寺などの名所はもちろん、雄大な自然も大きな見どころ。桜や紅葉など、お気に入りの季節を狙おう。

絶景ナビ
- 天龍寺 ▶P.116
- 渡月橋 ▶P.118
- 竹林の道 ▶P.120
- 祇王寺 ▶P.122

ひと足延ばして郊外へ
伏見～宇治 ▶P.131

観光のコツ 郊外へ行くなら、平等院や抹茶スイーツが人気の宇治や、酒蔵の町として知られる伏見がおすすめ。宇治と伏見は近いので、この2エリアなら一緒に巡ることも可能。

絶景ナビ
- 伏見稲荷大社 ▶P.136
- 伏見 十石舟 ▶P.139
- 平等院 ▶P.140

四季折々 大人絶景旅

桜や紅葉に彩られる寺社、緑に包まれる風雅な庭園、圧倒的な存在感の名建築…ひと目で心を揺さぶられる、そしていつまでも記憶に刻まれる、四季折々の京の絶景へ。

幻想的な境内で京のシンボルを圧倒する不二桜。

鎮護国家のため桓武天皇が創建した、世界遺産・東寺。高さ55mの五重塔は、木造建築として日本一の高さを誇り、京のシンボルとして親しまれている。春が訪れ、そんな五重塔にも負けない存在感を表すのが、高さ13mの八重紅枝垂れ桜「不二桜」。空海の「不二の教え」から名付けられたこの桜が、昼の華やかな姿とは一転、夜は光に包まれ妖艶な姿で人々を魅了する。

東寺（とうじ）［京都駅周辺］
▶ P.152

春 Spring

夏 Summer

コンチキチンの祇園囃子が京都に夏を呼ぶ。

盆地という土地柄、湿度が高く、酷暑で知られる京都の夏。京都三大祭の一つである祇園祭は、厳しい夏の訪れを知らせる祭でもある。梅雨が明け、いよいよ盛夏へと向かう7月、京都はまさに祇園祭一色。幻想的な宵山や、「動く美術館」と称される山鉾巡行を中心に、1か月にわたりさまざまな神事が行われ、人や街の熱気とともに京都は夏本番へと突入していく。

1 祇園祭（ぎおんまつり）［市内各所］ ▶P.172

2 瑠璃光院 [八瀬] ▶P.69

1 ハイライトの山鉾巡行。豪華な懸装品で彩られた山鉾が都大路を練り歩く 2 机に映り込む青々としたもみじが爽やか 3「京の奥座敷」と呼ばれる貴船。水面から漂う冷気に包まれ、清涼感あふれるひとときを 4 蓮の時期には早朝から参拝者が訪れる

3 貴船の川床 [貴船] MAP P.5C-1

4 三室戸寺 [宇治] ▶P.143

人の海をかき分け
眼前を埋め尽くす
錦繡の雲海へ。

四季折々魅力あふれる京都だが、やはりもっとも色彩豊かな季節といえば秋。あちこちの紅葉が鮮やかに色づき、見る人の心までも高揚させていく。そして京都の秋を象徴するのが、広大な境内に約2000本ものカエデを有する東福寺だ。渓谷に架かる通天橋から見下ろす眺めは、さながら紅葉の海。見頃には40万人もが訪れるという絶景地、一生に一度は訪れたい。

2 永観堂(禅林寺) [南禅寺周辺] ▶P.59

12

秋 Autumn

1 とうふくじ 東福寺 ［京都駅周辺］ ▶P.150

4 東寺 ［京都駅周辺］ ▶P.152

3 えんこうじ 圓光寺 ［一乗寺］ ▶P.68

1 通天橋は本堂と開山堂をつないでいる 2 古くから「もみじの永観堂」として親しまれてきた。夜間拝観も人気がある 3 秋の敷き紅葉とお地蔵さん。愛らしい表情にほっこり 4 池の水面に映り込む紅葉も美しい

流れる空気も凍てつくような底冷えの京の冬。

京都で観光名所と呼ばれる場所は数多くあるが、景勝地と聞けば、誰もがまずは嵐山を挙げることだろう。雄大な自然に囲まれ、かつて貴族が山荘を営んだ嵐山。小倉山を背に、大堰川に架かる渡月橋もまた、平安初期に造営されたものだ。凛とした空気が流れる、底冷えの京都の冬の朝。橋も山もすべてが白く染まった光景に、平安貴族も心を奪われたに違いない。

渡月橋 とげつきょう ［嵐山］ ▶P.118

雅
Miyabi

1 [二条城]
もとりきゅうにじょうじょう
元離宮二条城
▶P.151

2 あおいまつり [市内各所]
葵祭
▶P.173

1 二の丸御殿の中でも、もっとも格式が高い部屋がこの大広間。大政奉還の意思が表明された歴史的な場所 2 葵祭は京都三大祭の一つ。京都御所を出発した風雅な行列が、下鴨神社、上賀茂神社へ向かう 3 嵯峨天皇が中秋の名月に始めたという「観月の夕べ」。さながら平安貴族の気分で観月を楽しみたい 4 CGを駆使して描かれたビビッドな襖絵が注目を集めている

16

金碧障壁画が優雅な文化と歴史を伝える。

徳川幕府の始まり、終焉の舞台となった二条城には、栄華を極めた桃山文化の粋が凝縮。足を踏み入れれば、きらびやかな装飾美術の数々に圧倒されるが、特筆すべきは3600面以上の障壁画に彩られた二の丸御殿。狩野派の絵師による障壁画や花鳥文様の二重折上格天井を配した豪華絢爛な空間は、徳川家の威光そのものであり、歴史となって今へ受け継がれている。

4 ずいしんいん　[醍醐]
随心院　▶P.150

3 かんげつのゆう　[嵐山]
観月の夕べ　▶P.123

大人の旅プランは、何がしたいか？で選びたい！

テーマ別モデルプラン
ぐるっと周遊

2泊3日　嵐山〜金閣寺〜伏見〜清水寺

嵐山・伏見稲荷大社・清水寺
古都の人気観光地を巡る王道プラン

2泊3日で定番スポット＆京グルメを網羅、大充実な内容！

1日目 風光明媚な嵐山エリアと世界遺産・金閣寺へ！

10:00	JR京都駅	京都駅からはJRがスムーズ。嵯峨嵐山駅から徒歩15分
電車12分		
10:30	渡月橋	▶P.118
徒歩5分		
11:00	天龍寺	▶P.116
徒歩すぐ		
12:00	ランチ	精進料理 篩月 ▶P.81 / 松籟庵 ▶P.126
徒歩すぐ		
13:30	竹林の道	▶P.120
徒歩すぐ		
13:45	野宮神社	▶P.122
嵐電で20分		
15:00	龍安寺	▶P.100
徒歩15分		
16:00	金閣寺（鹿苑寺）	▶P.98
バス35分		
18:00	ディナー	あおい ▶P.82 / お数家いしかわ ▶P.83
Stay	京都駅周辺ホテル	

渡月橋／天龍寺／天龍寺の境内にある「精進料理 篩月」／竹林の道／あおい／龍安寺

18

モデルプラン [王道]

2日目 人気の伏見稲荷大社から郊外の宇治エリアまで散策

9:00	JR京都駅	電車3分
9:30	東福寺	電車4分 ▶P.150
11:00	伏見稲荷大社	電車15分 ▶P.136
12:30	ランチ	鳥せい本店 電車15分 ▶P.139
14:00	平等院	徒歩10分 ▶P.140
15:30	抹茶スイーツ	辻利兵衛 本店 / 通圓 電車30分 ▶P.143 ▶P.144
17:00	買い物	かづら清老舗 / 金竹堂 徒歩10分 ▶P.47 ▶P.46
19:00	ディナー	先斗町 百練 ▶P.84
Stay	河原町周辺ホテル	

「辻利兵衛本店」の宇治抹茶ぱふぇ宇治誉れ

伏見稲荷大社

平等院

先斗町

3日目 大定番スポットの清水寺と路地散策で締めくくり

9:00	四条河原町	バス10分
9:30	清水寺	徒歩5分 ▶P.32
10:30	産寧坂・二寧坂	徒歩5分 ▶P.36
11:30	高台寺	徒歩10分 ▶P.38
12:30	ランチ	祇をん 豆寅 徒歩15分 ▶P.46
14:00	錦市場	電車4分 ▶P.78
15:00	京都タワーサンド	徒歩2分 ▶P.165
16:30	JR京都駅	

産寧坂

清水寺

祇をん 豆寅

錦市場

テーマ別モデルプラン **春の桜名所**

日帰り 岡崎〜二条城〜仁和寺〜祇園

平安神宮・仁和寺・円山公園
京の桜スポットを巡る春爛漫プラン

朝からライトアップまで、一度は見ておきたい桜名所の数珠つなぎ

南禅寺

平安神宮

インクライン

9:00	電車20分	京都駅	地下鉄を利用。烏丸御池駅で烏丸線・東西線の乗り換えが必要	
9:30	徒歩10分	インクライン		▶P.62
10:00	徒歩すぐ	南禅寺		▶P.56
11:00	徒歩15分	ランチ	南禅寺 順正	▶P.67
12:30	徒歩5分	平安神宮		▶P.63
13:30	電車7分	カフェ	菓子チェカ / 京都モダンテラス	▶P.66 / ▶P.63
14:30	バス30分	元離宮二条城		▶P.151
16:00	バス50分	仁和寺		▶P.102
18:00	徒歩5分	ディナー	AWOMB 祇園八坂	▶P.80
19:00	バス20分	円山公園		▶P.40
20:00		JR京都駅		

門前の老舗湯豆腐店「南禅寺 順正」で湯豆腐ランチ

元離宮二条城

円山公園

仁和寺のそばにあるカフェ「御室さのわ」で休憩を ▶P.108

仁和寺

モデルプラン[春・秋]

テーマ別モデルプラン
秋の紅葉名所

日帰り

洛北〜東福寺〜岡崎〜京都駅

瑠璃光院・東福寺・永観堂・東寺
夜間拝観まで満喫する錦繍プラン

混雑覚悟で訪れたい大定番&今話題の紅葉スポットを1日で網羅!

9:00	JR京都駅		
バス・電車45分			
10:00	瑠璃光院		▶P.69
バス10分			
11:30	詩仙堂		▶P.68
電車15分			
12:00	ランチ	仁王門 うね乃	▶P.77
電車6分			
13:30	東福寺		▶P.150
電車20分			
15:00	永観堂(禅林寺)		▶P.59
徒歩10分			
16:00	カフェ	菓子チェカ	▶P.66
		京都モダンテラス	▶P.63
バス30分			
17:30	京都駅ビル		▶P.164
徒歩15分			
19:00	東寺(教王護国寺)		▶P.152
徒歩15分			
20:30	JR京都駅		

瑠璃光院
詩仙堂

東福寺
詩仙堂の近くに立つ「一乗寺中谷」は茶房も併設 ▶P.68

季節限定品も多い金平糖の専門店「緑寿庵清水」 ▶P.66

東寺(教王護国寺)

永観堂(禅林寺)

テーマ別モデルプラン 仏像名庭

日帰り 東山〜京都駅〜東福寺〜東寺

青蓮院門跡・三十三間堂・東寺
圧巻の仏像とアートな庭園を巡るプラン

現代アートを思わせるモダンな襖絵や庭園、迫力の仏像など見応え十分

青蓮院門跡

10:00	電車15分	京都駅	
10:30	バス15分	青蓮院門跡	P.60
11:30	徒歩5分	三十三間堂（蓮華王院）	P.153
13:00	徒歩20分	「楓樹」フォーシーズンズホテル京都	P.155
14:30	電車15分	東福寺	P.150
15:30	バス20分	東寺（教王護国寺）	P.152
16:30	バス23分	買い物　一澤信三郎帆布	P.162
18:00		JR京都駅	

「青蓮院門跡」では庭園を眺めながらお抹茶がいただける

「楓樹」フォーシーズンズホテル京都

東寺 / 東福寺

東寺　提供／仮利堂

東福寺

東山三条の「一澤信三郎帆布」で、丈夫な帆布バッグを　P.162

モデルプラン[仏像・庭・郊外]

テーマ別モデルプラン
パワースポット

日帰り

鞍馬～貴船～大原

鞍馬寺・貴船神社・三千院門跡
郊外のパワースポットを巡るプラン

ひと足延ばして郊外へ。澄んだ空気と神聖なパワーをいただこう

9:00	京都駅	
電車60分		
10:00	鞍馬寺	▶P.69
徒歩90分		
11:30	木の根道	
徒歩30分		
12:00	貴船神社	▶P.69
徒歩10分		
12:40	ランチ	貴船の川床 ▶P.11
バス30分		
14:00	三千院門跡	▶P.152
徒歩10分		
14:45	宝泉院	▶P.151
バス70分		
16:00	JR京都駅	

木の根道

鞍馬寺

縁結びで知られる「貴船神社」はお守りも人気がある

貴船神社

三千院門跡

「宝泉院」の額縁庭園を楽しみつつ、お抹茶でひと息

宝泉院

otonazekkeitabi　　　KYOTO TIMES　　　VOL.1

京都瓦版

KYOTO TIMES

大人絶景旅

ホテルから美術館まで話題いろいろ

ワンランク上の京都ステイ
ラグジュアリーホテルが話題

一度は泊まってみたい、憧れのラグジュアリーホテルが続々オープンしている京都。京都の街並みと八坂の塔を望むエレガンスな「パーク ハイアット 京都」など、豊かで洗練された非日常を体験したい。

❶京都らしい品と趣を兼ね備えたエントランス ❷同敷地にある料亭「山荘 京大和」

パーク ハイアット 京都
MAP P.26E-2　☎075-531-1234
所 京都市東山区高台寺桝屋町360　時 IN／15:00　OUT／12:00　交 京阪七条駅から徒歩5分 P 36台

「檜皮葺屋根の葺き替え」が完了！

約50年ぶりに、新たな檜皮に葺き替えられた清水寺の本堂。工事中に覆われていた素屋根が取り払われ、約3年ぶりにその姿を見せた。2020年5月より舞台板の張り替えが行われ、2021年3月に「平成の大修理」が完了する予定。

烏丸御池の新ランドマーク
伝統×革新の複合施設が登場

2020年6月11日、新風館が複合施設としてオープン。施設内にはアジア初進出の「エースホテル京都」や映画館「アップリンク京都」をはじめ、関西初出店となるショップやレストランを含む約20の店舗が入る。新たに生まれ変わった新風館へ。

撮影 フォワードストローク

新風館（しんぷうかん）
MAP P.73C-2
所 京都市中京区烏丸通姉小路下ル場之町586-2　時 11:00〜20:00（レストランは〜23:00）交 地下鉄烏丸御池駅南改札口直結 P なし

京都市美術館が再オープン
さらに幅広いアートを楽しめる

2017年から続いた大規模リニューアルが完了し、5月26日より待望の再オープン。京都市美術館から引き継がれた意匠を残しながら、新たな美術を堪能できる空間へと進化している。2020年7月現在、前日までの事前予約制（HPで要確認）。

撮影：来田猛

京都市京セラ美術館（きょうとしきょうせらびじゅつかん）
MAP P.50D-3
☎075-771-4334
所 京都市左京区岡崎円勝寺町124　時 10:00〜18:00　休 月曜（祝日は開館）、年末年始　交 市バス岡崎公園美術館・平安神宮前からすぐ P あり

今までにない食感が話題！
絹のような山盛りモンブラン

国内最高級といわれる丹波くりを使い、1つ1つ丁寧に作られるモンブランが人気の丹波栗専門店。約1mmという細さの栗のペーストが、今まで味わったことのない食感と話題に。季節ごとに変わる「和栗と季節の果物パフェ」もおすすめ。

和栗専門 紗織-さをり-（わぐりせんもん さをり）
MAP P.27A-2
☎075-365-5559
所 京都市下京区和泉屋町170-1　時 10:00〜18:00（LO17:30）※整理券配布は9:00〜　休 不定休　交 バス河原町松原から徒歩3分 P なし

24

AREA
GUIDE

清水寺
祇園

周辺スポットへのアクセス

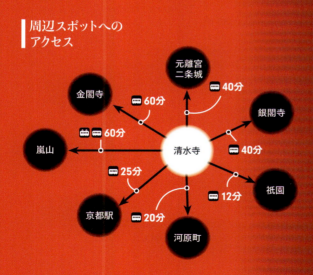

こんなところ！ 【エリア別】

清水寺～祇園

京都観光のスタート地点

京都が初めての人も、何度目かの人も、まずこのエリアは外せない。清水寺、高台寺、八坂神社は春夏秋冬それぞれに表情が違うので、季節を変えて訪れたい。またちょっとディープな京都を見たければ六波羅エリアの魔界歩き（→P.48）もいいだろう。

祇園はひと昔前のイメージとは違い、一見さんも入りやすいカフェや飲食店が増えた。最近はおしゃれな伝統工芸店や雑貨店も多いので、あちこち寄り道しながら巡るのも楽しい。財布のひもがゆるまないようご注意を。

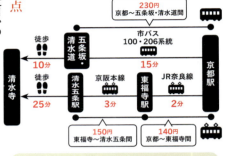

見どころも多いエリアだから…
【上手に巡るヒント！】

1 清水寺は人の少ない早朝から巡ろう

どの季節も混雑する清水寺。だが日中を避け、開門の6時～8時ごろまでは人混みもなくゆったり回ることができる。清水の舞台から眺める朝日を浴びる京都の街は壮観だ。

2 坂道が多いので歩きやすい靴で！

産寧坂に二年坂など坂や石段が多く、ヒールの高い靴やサンダルでは長時間の歩行が難しい。清水寺や高台寺など山の傾斜に立つ寺もあるので、ハイキングぐらいの気持ちで。

3 ライトアップと「よるばす」で夜時間の有効活用

寺社は夕方に閉門してしまうので1日に回れる数は限られる。そこで夜間拝観がある時期は夜がチャンス。夜観光には、祇園や河原町から京都駅にアクセスする「よるばす」を活用しよう。

情緒あふれる花街ならではの
【こんな楽しみ方もあります】

すてきな石畳をそぞろ歩き

歴史的景観保全修景地区である花見小路は、四条通から祇園甲部歌舞練場までの約260mが石畳で、なんとすべて御影石。祇園新橋付近も石畳で風情満点。

花見小路でランチ＆カフェ

高級な店ばかりと思いきや、実はいいカフェや甘味処が集まる穴場でもある。元お茶屋でかき氷や、数寄屋建築でランチなど、京都ならではの体験ができる。

舞妓さん御用達の老舗で買い物

祇園には古くから芸舞妓の美を支えてきた日用品の老舗が残る。髪を手入れした椿油、かんざし、あぶらとり紙など、今も実用性があるのでおみやげに最適。

かづら清老舗（→P.47）のつばき油

通りの雰囲気も楽しもう

混雑必至のエリアをスムーズに移動
【交通案内】

徒歩

清水寺～高台寺～八坂神社へは徒歩で移動するのがベスト。産寧坂や石塀小路など、歩いて楽しい道がいっぱい。

京都市バス

ハイシーズンは道路がかなり渋滞するので、八坂方面へ行くなら四条河原町で降りて歩くのが無難。

人力車

有名スポットを巡れて詳しいガイド付きというのが魅力。2名で利用すれば意外とお手ごろなのでぜひ。

清水寺〜祇園［エリア概要］

小川沿いに石畳が風情あり
2 祇園白川(ぎおんしらかわ)

知恩院から流れる白川に沿って町家が並び、石畳の道が続く。芸舞妓から伎芸上達にご利益があると信仰される辰巳大明神があり、しばしばテレビドラマなどの舞台になる巽橋も。春には桜が美しい。

絶景ナビ：何必館・京都現代美術館 ▶P.43 / 鍵善良房 ▶P.43

▶P.44

定番の人気寺は絶景の宝庫
1 清水寺(きよみずでら)

見どころは本堂・舞台だけではない。参拝者を迎える迫力ある正門の仁王門は15世紀末に再建され、「赤門」とも呼ばれる。両脇に迫力ある金剛力士像を安置。奥には総丹塗に極彩色文様が印象的な西門と三重塔がそびえる。

絶景ナビ：地主神社 ▶P.34

▶P.32

⚠ ご注意を

五条坂は車に要注意
清水寺へ向かう観光客でにぎわう五条坂。歩道が狭いうえ、坂の上の駐車場を目指す観光バスが行き交うので、くれぐれも車に気を付けて歩きたい。

春・秋は渋滞の中心！
東大路通や五条通には車やバスが連なり、時間帯によってはなかなか動かないことも。夜間拝観がある日の夕方も混雑するので、余裕のある移動を。

飲食店は混雑必至 行列覚悟で訪ねよう
京都でも特ににぎわうこのエリア。飲食店はどこも混雑しているので、昼時やカフェタイムは行列覚悟で。ピークを外して少しでも時間の有効活用を。

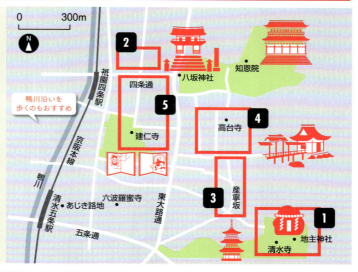

鴨川沿いを歩くのもおすすめ

伝統と現代が共存
5 花見小路(はなみこうじ)

お茶屋や料亭が並び、芸舞妓が行き交う姿も見られる祇園の中心部。最近では町家を再生させたカフェや、老舗料亭の粋を楽しめるティーサロンなども。伝統を残し本当の意味での美観が守られている。

▶P.41

絶景ナビ：八坂神社 ▶P.40 / 円山公園 ▶P.40 / 建仁寺 ▶P.42

400年変わらぬ庭
4 高台寺(こうだいじ)

池泉回遊式の庭園は小堀遠州作。霊屋と開山堂が回廊でつながれており、その間に臥龍池、開山堂と書院との間に偃月池がある。遠州は石組や配置のセンスに定評があり、この庭は高台寺創建時そのままの姿という。

▶P.38

絶景ナビ：石塀小路 ▶P.38 / 無碍山房 Salon de Muge ▶P.39

石段に願いを込めて
3 産寧坂(さんねいざか)

八坂神社と清水寺を結ぶ道。産寧坂とも。清水寺の子安観音へ「お産が寧か（やすらか）であるように」と祈願するために登る坂であることが名の由来といわれるが、諸説あり。石畳の両脇に古い建物が並ぶ。

▶P.36

絶景ナビ：二寧坂・一念坂 ▶P.37 / 八坂の塔（法観寺）▶P.37

このまま巡れる！歩ける！
定番の大寺院から憧れの花街さんぽまで！
早朝から巡る人気エリア

 絶景ナビ 清水寺〜産寧坂・二寧坂〜八坂の塔〜高台寺〜祇園

半日コース 公共交通機関で

京都旅行ならまず訪ねたい定番エリア。清水寺や高台寺などの人気寺はもちろん、産寧坂や石塀小路など風情ある街並みも楽しみたい。

START

8:00 市バス清水道
一日中多くの観光客でにぎやか

清水寺の最寄りのバス停は、「清水道」とその隣の「五条坂」。河原町方面からのバスだと「清水道」、京都駅方面からからだと「五条坂」に先に停車する。

↓ 徒歩10分

8:15 清水寺
改修後の本堂がお出迎え

音羽山中腹に広大な敷地をもつ清水寺。「清水の舞台」で知られる本堂は、檜皮葺屋根の葺き替え工事が終了した。

清水寺の起源となった「延命水」が流れる音羽の滝。学業成就や延命長寿のご利益があるとか。 ▶P.32

↓ 徒歩5分

9:15 産寧坂・二寧坂
石畳の坂道をそぞろ歩き

風情ある石畳の道の両脇には、みやげ物店や食事処、カフェなどがずらりと並び、あちこちのぞきながら歩くのも楽しい。記念撮影を楽しむ観光客も多い。

▶P.36

↓ 徒歩すぐ

9:30 イノダコーヒ 清水支店
京都の朝ごはんといえば！

「京都の朝はイノダから」のフレーズでもおなじみ。ボリュームたっぷりの朝食は香り高いコーヒーとともに。テラス席で日本庭園を眺めながら贅沢な時間を。

▶P.36

↓ 徒歩5分

10:30 八坂の塔（法観寺）
心ときめく東山のシンボル

高さ46mを誇る八坂の塔は、「これぞ京都」な風景の一つ。塔が立つ八坂通は、人気コーヒースタンドをはじめ話題店が集まる通りとしても注目されている。

▶P.37

↓ 徒歩5分

11:00 高台寺
名園が広がるねねの寺

北政所ねねが秀吉の菩提を弔うために建てた寺。小堀遠州作の池泉回遊式庭園は必見だ。

▶P.38

↓ 徒歩すぐ

街歩きナビ

清水寺〜祇園 [エリアコース]

京都の観光地の代表格ともいえる清水寺。ゆったり参拝したいならとにかく朝がおすすめ。観光客であふれる産寧坂や二寧坂も、のんびり散策することができる。そして朝のお楽しみといえば朝食。有名なイノダコーヒは清水支店でもモーニングを提供しているので、ぜひ味わいたい。お腹を満たした後も、このエリアのシンボル・八坂の塔や、美しい庭園が広がる高台寺など、見どころはまだまだたくさん。午前中は比較的人も少ないので巡りやすい。昼には、石畳の石塀小路を歩きつつ、趣のある町家のお店へ。フォトジェニックな話題のランチを堪能したら、八坂神社が待つ花街・祇園へと足を延ばそう。

多彩な庭園と迫力の龍にご対面
建仁寺

枯山水の大雄苑や苔が美しい潮音庭、個性的な〇△▢乃庭など、趣の異なる庭園が広がる。

▶P.42

法堂天井に描かれた双龍図。108畳にも及ぶ水墨画は想像以上のスケール。

or

大スケールの三門は一見の価値あり
知恩院

映画などにもしばしば登場する国宝の三門は圧巻の迫力。4月にはこの三門の楼上内で「ミッドナイト念仏」が開催されている。

▶P.45

or

ものづくりを愛する人が集まる
あじき路地

若手作家が築100年ほどの町家長屋で生活しながら制作活動を行い、土日を中心に店を開いている。雰囲気ある路地の佇まいも魅力的だ。

▶P.45

+1時間

11:45 しっとり上品な雰囲気が魅力
石塀小路

絶景ナビ

石畳が続く細い路地で、路地の両側には風情ある町家が立ち並ぶ。夜は旅館や料亭に灯りがともり、さらにしっとりと落ち着いた雰囲気に。

▶P.38

↓ 徒歩すぐ

12:00 具材を"和えて"楽しむ
AWOMB 祇園八坂

美しく並んだ50種類以上の具材を自由に組み合わせて楽しむ「手和え寿し」。彩り豊かな料理はもちろん、坪庭を望む町家の空間も魅力的。

▶P.38

↓ 徒歩5分

13:30 花街を見守る祇園さん
八坂神社

四条通に面して立つ西楼門のほかにも、祇園造の本殿や、「美容水」が湧く美御前社など見どころが多数。7月に行われる祇園祭の舞台としても名高い。

▶P.40

↓ 徒歩すぐ

GOAL 市バス祇園

京都名所ナビ 絶景

1 絶景ナビ 清水寺

清水寺

MAP P.26F-3 ☎075-551-1234

清水寺・祇園 [絶景名所ナビ]

780年（宝亀11）年創建とされ、音羽山中腹に13万㎡の広い敷地をもつ広大な寺院。本堂は国宝、鐘楼、西門、奥の院などが重要文化財に指定。

所 京都市東山区清水1-294 **時** 6:00～18:00（季節により変動あり）**料** 400円（成就院庭園特別拝観は別途600円）**休** 無 **交** 市バス清水道／五条坂から徒歩10分 **P** なし

Bestシーズン 紅葉（11月下旬～12月上旬）

「清水の舞台」から京都の街を一望する

本堂についてもっと知りたい！

大改修を終えた本堂。参拝が楽しくなるプチネタをコチラでご紹介！

いつからあるの？
規模こそ違うものの、平安末期からあると言われている。現在の舞台は、江戸時代に再建されたもの

本当に飛び降りた!?
飛び降りてケガがなければ所願成就とされ、江戸時代には「飛び落ち」があったとの記録が残る

どうして「舞台」？
この場所は本来、本堂内陣に安置される本尊に音曲や踊りを奉納するための「舞台」なのだ

中には何があるの？
本堂内々陣には、二十八部衆像、風神・雷神像などが、本尊の十一面千手観音像を守るように安置されている

何がスゴイの？
崖から張り出した舞台は懸造りという構造。最長12mのケヤキの柱を組み、釘は1本も使っていない

※2020年5月より本堂舞台板の張り替え工事の為、景観が異なります

子安塔は高さ15mで重要文化財

❶冬の凛とした景色も壮観。真っ白に雪化粧した子安塔も美しい ❷夜間特別拝観のライトアップは例年春、夏、秋の3回行われる ❸3筋の清水が流れる音羽の滝 ❹地主神社境内にある「恋占いの石」。対になった石の片方からもう一方へ目を閉じて辿り着くことができれば恋が叶うとされる

清水寺・祇園 [絶景名所ナビ]

できるだけ多くのご利益をゲットしよう!
京都ナンバーワン観光地・清水寺を1時間で巡る黄金ルート

本堂だけではない境内各所に名所が

清水寺は音羽山中腹に約30の堂塔・伽藍が並ぶ大きな寺院。まずは正門である仁王門から入り、衆生の願いを叶えると言われる随求堂で胎内めぐりをしてシンボル的存在の三重塔、経堂を詣でて、本堂へ。そのあとは清水寺の起源となった音羽の滝で「延命水」を汲んで帰るのを忘れずに。

首振地蔵
なんと、首が360度回るお地蔵様。金運や縁結びを祈って心静かに回そう。

三重塔
内部の天井や柱には密教仏画や飛天・龍などが極彩色で描かれている。

仁王門
幅約10m、高さ約14m。2003年に解体修理されたが、風格は創建当時のまま。

随求堂
暗いお堂の中、数珠を頼りに歩いてお参りする「胎内めぐり」が体験できる。

馬駐
馬で参詣した貴族や武士はここに馬をつなぎ徒歩で参拝した。20ある金具のうち2カ所だけ金具の向きが異なる

景清爪形観音
石灯籠の火穴の奥には、獄中で平景清が爪で刻んだという、観音像が祀られているそう。晴天時に見られるかも?

梟の手水鉢
轟門そばにある手水鉢は壁面に梟(フクロウ)が彫られており、その水は頭痛や歯痛を治すと言われる

石仏群
地蔵菩薩などの石仏が祀られている

仏足石
なでると足腰に効くといういわれも

弁慶の爪痕
深い筋状の傷はお百度やお千度詣りの際についた擦り傷。暗闇の中お参りした人々の証し
※2020年工事中

おみやげ用に「音羽霊水」も販売

舞台の高さは約13m。釘を一本も使わず組まれた日本古来の工法が見どころ。

音羽の滝
学業成就、恋愛成就、延命長寿のご利益があるとされる。

本堂

地主神社
縁結びの神様として有名。社殿天井に描かれた「八方にらみの竜」も必見。

35

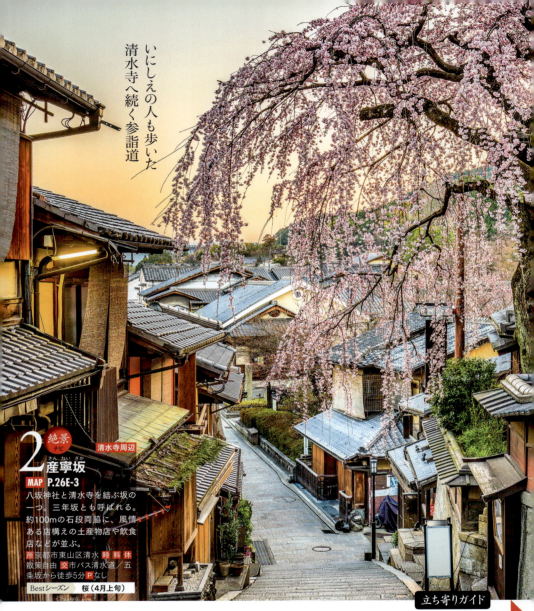

いにしえの人も歩いた清水寺へ続く参詣道

2 産寧坂 [絶景ナビ] 清水寺周辺

MAP P.26E-3

八坂神社と清水寺を結ぶ坂の一つ。三年坂とも呼ばれる。約100mの石段両脇に、風情ある店構えの土産物店や飲食店などが並ぶ。

所 京都市東山区清水 時 料 休 散策自由 交 市バス清水道／五条坂から徒歩5分 P なし
Bestシーズン 桜（4月上旬）

立ち寄りガイド

総本家ゆどうふ 奥丹清水
MAP P.26-2 ☎075-525-2051

創業約380年の湯豆腐店。地下工房で職人が毎日手作りする豆腐を使ったコース「昔どうふ一通り」4400円など。

所 京都市東山区清水3-340 時 11:00〜16:00（土・日曜・祝日は〜17:00）休 木曜 交 市バス清水道から徒歩7分 P なし

イノダコーヒ 清水支店
MAP P.26E-3 ☎075-532-5700

言わずと知れた有名喫茶店。日本庭園「青龍苑」を眺める和の空間。モーニングの京の朝食1480円が人気。

所 京都市東山区清水3-334 時 9:00〜17:00 休 無休 交 市バス清水道から徒歩5分 P なし

夢二カフェ 五龍閣
MAP P.26E-3 ☎075-541-7111

産寧坂と交わる清水坂にある、築100年の登録有形文化財を利用した大正風カフェ。京のホットサンド900円。

所 京都市東山区清水寺門前清水2-239 時 京都市東山区清水寺門前清水2-239 休 不定休 交 市バス五条坂から徒歩10分 P なし

清水寺 祇園 [絶景名所ナビ]

幾度も火災に遭いながら1440(永享12)年再建

3 絶景ナビ 清水寺周辺
二寧坂・一念坂
MAP P.26E-2・D-2

産寧坂の手前から高台寺方面に続く二寧坂。画家の竹久夢二が大正初期に2年住んだ寓居跡が残る。二寧坂から北に折れる細い道が一念坂。

所 京都市東山区清水寺 **料** 散策自由 **交** 市バス清水道から徒歩5分 **P** なし

Bestシーズン 通年

立ち寄りガイド
かさぎ屋
MAP P.26E-2 ☎075-561-9562

大正3年(1914)創業。丹波大納言小豆を使ったおはぎ700円が有名。

所 京都市東山区桝屋町349 **時** 11:00〜LO17:40 **休** 火曜(祝日の場合は営業) **交** 市バス清水道から徒歩7分 **P** なし

菊しんコーヒー
MAP P.26D-2 ☎075-525-5322

香り高い自家焙煎珈琲に、砂糖漬けレモンをのせたレモントースト500円がマスト。

所 京都市東山区下弁天町61-11 菊しんアパート101 **時** 8:00〜18:00 **休** 日曜 **交** 市バス東山安井から徒歩3分 **P** なし

4 絶景ナビ 清水寺周辺
八坂の塔(法観寺)
MAP P.26D-2 ☎075-551-2417

東大路通から清水寺方面へ続く坂道にあり、東山の景色の象徴的存在。飛鳥時代、聖徳太子により創建と伝わる。五重塔の高さは46m。

所 京都市東山区八坂上町388 **時** 10:00〜15:00 **料** 400円(小学生以下拝観不可) **休** 不定休 **交** 市バス清水道から徒歩3分 **P** なし

Bestシーズン 通年

何度見ても飽きない「京都といえば」の風景

立ち寄りガイド
八坂庚申堂
MAP P.26D-2 ☎075-541-2565

境内には「くくり猿」がズラリ。手足をくくることで欲を我慢し、願いが叶うとされる。

所 京都市東山区金園町390 **時** 9:00〜17:00 **料** 境内自由 **休** 無休 **交** 市バス清水道から徒歩3分 **P** なし

%ARABICA京都 東山
MAP P.26D-2

世界的ロースターの日本1号店。世界チャンピオンのラテアートを。カフェラテ500円〜。

所 京都市東山区星野町87-5 **時** 8:00〜18:00 **休** 不定休 **交** 市バス清水道から徒歩3分 **P** なし

東山を借景とした池泉回遊式庭園は小堀遠州作

5 絶景ナビ 高台寺
清水寺周辺
MAP P.26E-2 ☎075-561-9966

1606（慶長11）年、豊臣秀吉の妻・北政所ねねが秀吉の菩提を弔うため建てた臨済宗建仁寺派の寺。霊屋に施された「高台寺蒔絵」が見事。

所 京都市東山区高台寺下河原町526　時 9:00〜受付終了17:00（春・夏・秋の夜間拝観時〜受付終了21:30）　料 600円　休 無休　交 市バス東山安井から徒歩7分　P 100台

Bestシーズン　通年

6 絶景ナビ 石塀小路
清水寺周辺
MAP P.26D-2

細い入口をくぐると現れる石畳の小路。明治末期〜大正初期にお茶屋の貸家が軒を連ねていた通りで、現在は旅館や料亭が並ぶ。

所 京都市東山区下河原町　時 休 散策自由　交 市バス東山安井から徒歩3分　P 100台

Bestシーズン　通年

立ち寄りガイド
AWOMB 祇園八坂
MAP P.26D-2 ☎050-3134-3564

50種類以上の具材を自分好みで混ぜ合わせる「手和え寿し」3267円が楽しい。　▶P.80

所 京都市東山区下河原町463-8　時 11:00〜18:00（LO17:00）　休 不定休　交 市バス東山安井からすぐ　P なし

清水寺・祇園 [絶景名所ナビ]

展望だけじゃない☆
高台寺を訪ねたら ここもcheck！

桃山時代を代表する建築美や庭園など、随所に趣がある高台寺。塔頭や境内の外も要チェック。

圓徳院

高台寺の塔頭寺院で、ねねが晩年の19年を過ごした場所。北庭は巨石を多く配置した珍しい造りの枯山水庭園で、小堀遠州が整えた。

SLOW JET COFFEE 高台寺
MAP P.26D-2 ☎075-533-7480

境内にある自家焙煎コーヒーショップ。八坂の塔が見渡せる高台にあり、京都タワーも一望。出汁茶漬け2種1450円などフードメニューも。

所 京都市東山区高台寺下河原町526高台寺境内 時 9:00〜LO17:30※季節により変動 休 無休 交 市バス東山安井から徒歩5分 P 高台寺有料駐車場利用

ライトアップ

京都で一番最初にライトアップを始めた寺として有名。光と闇との演出で境内は幽玄な風景に。

老舗料亭の粋を
気軽にのんびりと

1 本店隣に2017年オープン。昼は時雨弁当を提供。
2 モダンな数寄屋建築。窓からは苔の庭が望める。

絶景ナビ 7
祇園
無碍山房 Salon de Muge
MAP P.26E-2 ☎075-561-0015（予約専用）
☎075-744-6260（お問い合わせ）

料亭「菊乃井」別館のティーサロン。無碍山房できたて本わらび餅1600円は練りたてを温かいままいただける。

所 京都市東山区下河原通高台寺北門前鷲尾町524 時 時雨弁当は11:00〜13:30の予約制、喫茶・和甘味は14:00〜LO17:00（喫茶は13:30来店のみ予約可能） 休 不定休 交 市バス東山安井から徒歩10分 P なし

Bestシーズン 通年

正式名は一重白彼岸枝垂桜。なんと樹高12m!

祇園

8 円山公園 (まるやまこうえん)

絶景ナビ

MAP P.26E-1 ☎075-561-1350

1886(明治19)年開設の市最古の公園。八坂神社の東側に約8万6600㎡の敷地を有し、園内には庭園や料亭が散在。京都随一の桜の名所。

所 京都市東山区円山町 時休 散策自由
交 市バス祇園から徒歩1分 P 134台

Bestシーズン 桜(3月下旬～4月上旬)

info 春のライトアップは必見!

桜の見頃に合わせ、毎年3月中旬～4月上旬に行われる。周囲にはかがり火も焚かれ、幻想的な雰囲気。屋台も出る。

八坂神社の見どころ

日本最大級の神社神殿であり、境内の建造物はどれも見応えがある。美人の神様も!?

本殿 (ほんでん)
1654(承応3)年再建。祇園造と呼ばれる神社建築の一様式で、平成の大修造営に伴い修復。

美御前社 (うつくしごぜんしゃ)
美人と名高い宗像三女神が祀られる神社。社殿前には心身を美しく保つ「美容水」が湧く。

祇園

9 八坂神社 (やさかじんじゃ)

絶景ナビ

MAP P.26D-1 ☎075-561-6155

「祇園さん」の名で親しまれる街のシンボル。656(斉明天皇2)年創祀と伝えられ、素戔嗚尊(すさのおのみこと)を主神とする。厄除け祈願と商売繁昌の神社。

所 京都市東山区祇園町北側625 時料 境内自由 交 市バス祇園から徒歩1分 P なし

Bestシーズン 通年

10 花見小路(はなみこうじ)

祇園

MAP P.27C-2

北は三条通から南は建仁寺前まで、祇園の中心を貫く通り。伝統的建築物が並び、夕暮れ時には芸舞妓が行き交う姿も見られる。

所 京都市東山区祇園町南側 **時休** 散策自由 **交** 市バス祇園から徒歩3分 **P** なし

Bestシーズン　通年

清水寺・祇園 [絶景名所ナビ]

歩くだけで心が華やぐ
祇園のメインストリート

info 宗達の傑作『風神雷神図屏風』
大書院には俵屋宗達が描いた2曲1双の『風神雷神図屏風』のレプリカを展示。風雨をもたらす風神と、稲妻を起こす雷神を描写。

1 2014年に染色画家によって描かれた小書院の襖絵「舟出」 2 境内には個性豊かな庭がいくつもある。写真は苔が美しい潮音庭 3 2002年、建仁寺創建800年を記念して法堂天井に描かれた双龍図

11 建仁寺(けんにんじ) 絶景ナビ

MAP P.27C-2 ☎075-561-6363

臨済宗建仁寺派の大本山で、1202(建仁2)年に開創。開山は栄西禅師、開基は源頼家。境内には多数の塔頭があり、多くの文化財を所有。

祇園

所 京都市東山区大和大路通四条下ル小松町584 時 10:00〜17:00 休 無休(本山行事で拝観不可の場合あり) 料 拝観600円 交 市バス東山安井から徒歩5分 P 40台(30分250円)

Bestシーズン 通年

清水寺 祇園 [絶景名所ナビ]

12 絶景ナビ 祇園
何必館・京都現代美術館
MAP P.27C-1 ☎075-525-1311

通りの喧騒を忘れさせる静かな和の空間。型にとらわれない自由な精神のもと、北大路魯山人の作品をはじめ、幅広いジャンルの作品を展示。

所 京都市東山区祇園町北側271 時 10:00～18:00（入館は～17:30）料 大人1000円／学生800円 休 月曜 交 市バス祇園から徒歩2分 P なし

Bestシーズン　初夏

---

info 老舗の新たな展開 こだわりカフェに注目

「鍵善良房」が本店近くにオープンしたカフェ。特製くずもちとドリンクのセット1500円。

ZEN CAFE MAP P.27C-1 ☎075-533-8686

所 京都市東山区祇園町南側570-210 時 11:00～LO17:30 休 月曜（祝日の場合は営業、翌日休）交 京阪祇園四条駅から徒歩3分 P なし

---

13 絶景ナビ 祇園
鍵善良房
MAP P.27C-1 ☎075-561-1818

享保年間(1716～36年)創業の和菓子店。最高級の吉野本葛粉100%で作るくずきり1100円はコシがありつるんと喉ごし抜群。

所 京都市東山区祇園町北側264 時 9:30～18:00（LO17:45）休 月曜 交 京阪祇園四条駅から徒歩3分 P なし

Bestシーズン　通年

43

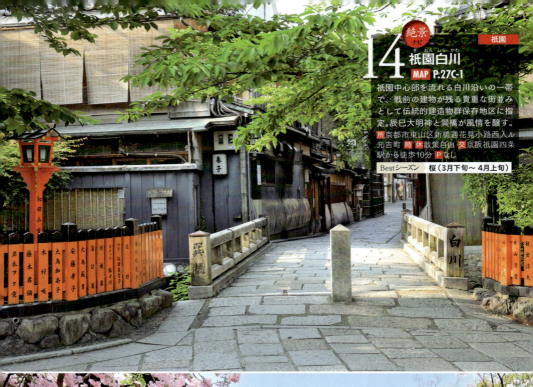

絶景 | 祇園

14 祇園白川
(ぎ おん しら かわ)
MAP P.27C-1

祇園中心部を流れる白川沿いの一帯で、戦前の建物が残る貴重な街並みとして伝統的建造物群保存地区に指定。辰巳大明神と巽橋が風情を醸す。

所 京都市東山区新橋通花見小路西入ル元吉町 時 休散策自由 交 京阪祇園四条駅から徒歩10分 P なし

Bestシーズン　桜（3月下旬〜4月上旬）

春には川辺にソメイヨシノが咲き誇る

立ち寄りガイド

PASS THE BATON KYOTO GION
（パス ザ バトン キョウト ギオン）
MAP P.27B-1 ☎075-708-3668

京都の伝統工芸とのコラボレーションも話題のセレクトリサイクルショップ。

所 京都市東山区末吉町77-6 時 11:00〜20:00（日曜・祝日は〜19:00） 休 不定休 交 京阪祇園四条駅から徒歩4分 P なし

お茶と酒 たすき
（ちゃ さけ）
MAP P.27B-1 ☎075-531-2700

PASS THE BATON KYOTO GIONに併設。白川沿いのモダンな空間が素敵。抹茶みつ練乳付1210円。

時 11:00〜LO19:00（日曜・祝日は〜LO18:30）

44

清水寺・祇園 [絶景名所ナビ]

絶景ナビ 15 知恩院 〔祇園〕
MAP P.26E-1
☎075-531-2111

1175（承安5）年、浄土宗の宗祖・法然が後半生を過ごした地に創建。境内には国宝の御影堂や三門、方丈などが並ぶ。

所京都市東山区林下町400 時境内自由 料友禅苑300円、方丈庭園400円 休無休 交市バス知恩院前から徒歩5分 Pなし

info 三門楼上でミッドナイト念仏

法然上人の命日に営まれる法要「御忌大会」に合わせ、例年4月18日に開催。午後8時～翌朝7時まで、国宝三門楼上内で夜通し念仏を行う。予約不要で、随時参加可能。

絶景ナビ 17 将軍塚青龍殿 〔祇園〕
MAP P.26F-2 ☎075-771-0390

京都の風景が展望できる高台で、桓武天皇が平安遷都の際に築かせた将軍塚が現存。青蓮院の飛地境内で、春秋はライトアップも開催。

所京都市山科区厨子奥花鳥町28 時9:00～17:00（受付終了16:30）料拝観500円 休無休 交地下鉄蹴上駅から車で5分 P20台

絶景ナビ 16 京都霊山護國神社 〔清水寺周辺〕
MAP P.26E-2 ☎075-561-7124

幕末期に活躍した維新の志士を祀り、1868（明治元）年に創立。境内には坂本龍馬や桂小五郎らの墓がある。

所京都市東山区清閑寺霊山町1 時8:00～17:00（入山受付9:00～）料霊山墳墓拝観300円 休無休 交市バス東山安井から徒歩10分 Pなし

絶景ナビ 19 あじき路地 〔祇園〕
MAP P.27B-3

築100年を超える町家長屋を住居兼工房として、若い作家たちが制作活動。土日中心に作品を販売。

所京都市東山区大黒町通松原下ル2丁目山城町284 休店舗により異なる 交京阪清水五条駅から徒歩5分 Pなし

絶景ナビ 18 宮川町 〔祇園〕
MAP P.27B-2

京都を代表する花街で、鴨川東の四条通～五条通に位置。4月に宮川町歌舞練場で「京おどり」が催される。

所京都市東山区宮川筋 交京阪祇園四条駅から徒歩5分 Pなし

清水寺周辺 立ち寄りガイド

やよい本店
MAP P.26D-2 ☎075-561-8413

おじゃこ（ちりめん山椒）の店。はなれのカフェではお茶漬膳1390円や山椒ケーキなど軽食も。

所 京都市東山区祇園下河原清井町481 時 10:00〜17:30 休 不定休（カフェは2020年6月現在休業中） 交 市バス祇園から徒歩2分 P なし

祇をん 豆寅
MAP P.27C-2 ☎075-532-3955

伝統を守りつつ独創的な和の味を提供。「豆すし」は舞妓さんも食べやすい一口サイズ。昼の豆すし膳4620円など。

所 京都市東山区祇園町南側570-235 時 11:30〜14:00、17:00〜20:30 休 無料 交 京阪祇園四条駅から徒歩5分 P なし

切通し進々堂
MAP P.27C-1
☎075-561-3029

舞妓さん御用達の老舗喫茶店。ウインナーとキュウリを挟んだトーストういきゅう350円がユニーク。

所 京都市東山区祇園町北側254 時 10:00〜16:00 休 月曜、不定休あり 交 京阪祇園四条駅から徒歩3分 P なし

茶菓円山
MAP P.26E-1
☎075-551-3707

円山公園内にある甘味処。八坂神社境内で汲む御神水で煎れた煎茶や福蜜豆1320円などで贅沢な時間を。

所 京都市東山区円山町620-1-2円山公園内 時 11:00〜19:00 休 火曜 交 市バス祇園から徒歩8分 P なし

いづ重
MAP P.26D-1
☎075-561-0019

鯖寿司の名店。上箱寿司1836円は小鯛、海老、とり貝、厚焼き卵などを市松文様風に組み合わせた寿司。

所 京都市東山区祇園町北側292-1 時 10:30〜19:00（売切の場合は翌日休） 交 市バス祇園からすぐ P なし

ひさご
MAP P.26D-2
☎075-561-2109

1930（昭和5）年の創業以来変わらぬ味の親子丼1060円。鶏肉は大ぶり。

所 京都市東山区下河原通八坂鳥居前下ル下河原町484 時 11:30〜19:00 休 月曜（祝日の場合は翌日休）、金曜（祝日の場合は前日休） 交 市バス東山安井から徒歩3分 P なし

金竹堂
MAP P.27C-1
☎075-561-7868

江戸時代末期創業の花かんざし・髪飾りの専門店。べっ甲や蒔絵など一般客向けのかんざしも多数揃える。

所 京都市東山区祇園町北側263 時 10:00〜20:00 休 木曜 交 京阪祇園四条駅から徒歩3分 P なし

裏具
MAP P.27B-2
☎075-551-1357

店名は「嬉（う）らぐ」に由来。大切な人に嬉しい気持ちを贈る一筆箋や封筒などオリジナル文具を扱う。

所 京都市東山区宮川筋4-297 時 9:00〜18:00 休 月曜（祝日の場合は翌日休） 交 京阪祇園四条駅から徒歩5分 P なし

七味家本舗
MAP P.26E-3
☎075-551-0738

創業360年の老舗。辛みを抑え、香りを重視した一子相伝の七味唐辛子を扱う。七味大袋（25g）540円。

所 京都市東山区清水2-221清水参道 時 9:00〜18:00（季節により変動あり） 休 無休 交 市バス清水道から徒歩10分 P なし

梅園 清水店
MAP P.26E-3
☎075-531-8538

名物みたらし団子460円ほか、わらび餅やあんみつなど多種。2階は座敷で本店とはまた違った雰囲気。

所 京都市東山区清水3-339-1 時 11:00〜18:00 休 無休 交 市バス清水道から徒歩7分 P なし

46

京都の技 1

名物名品

つばき油・つげ櫛（ぐし）

祇園の舞妓さんも愛用
老舗のうるわしアイテム

さつまつげ櫛（5寸）
1万5950円
ブラッシングしやすい大きめサイズでロングヘア向け。鹿児島産の最高級のつげ材を使用

オリジナルちりめん櫛ケース
1980円
「さつまつげ櫛」がちょうど収まるケース。赤、渋ピンク・ストロベリーピンクの全3色

特製つばき油
（クラシックボトル）
2090円
五島産の椿の実を厳選し、自社で丁寧に製油した高品質オイル。髪にも肌にも使える

丹後ちりめん京染め 万寿菊ミニピン2本組
5720円
極上の絹織物・丹後ちりめんを染め、職人がつまみ細工で仕立てた一品

創業以来150年にわたり女性の髪にまつわる商品を扱い、芸妓さんや舞妓さんも信頼を寄せる。祇園という場所柄、芸妓さんや舞妓さんが定番で、女性の美を支えるアイテムとして長年重宝されてきた。

自然豊かな長崎・五島列島で育った、良質な椿実に惚れ込み、自社農園などが搾油場を創設。改良を重ね独自の製法で搾った純度の高い無農薬つばき油は、髪や頭皮だけでなく、顔や手足など全身に使える万能オイル。さらに肌なじみがよく、内側から輝くような実感が得られると評判だ。髪を彩る商品も豊富で、舞妓さんの髪に揺れるような華やかな髪飾りから、ふだん使いにぴったりの小さくて可憐な髪飾りまで、店内のディスプレイを眺めているだけで、乙女心がくすぐられるよう。つげ櫛は、軽くて持ち歩きにぴったり。さっと髪にとおせば、艶やかになっていく。祇園の名店で憧れの"つや髪"への第一歩を。

ちりめん梅 ミニピン3本組
4180円
清楚な印象のピンで、浴衣や着物など和服はもちろん、洋服にもよく似合う

つげ櫛 オリジナル本うるし赤絵の本蒔絵ぽってり椿 ちりめんケース入り小判
各4840円
静電気が起こりにくく、髪や地肌にやさしいつげ櫛。使うほどにツヤツヤに

購入は専門店で
祇園

かづら清老舗（せいろうほ）
MAP P.27C-1 ☎075-561-0672
所京都市東山区祇園町北側285 時10:00〜19:00 休水曜 交京阪祇園四条駅から徒歩6分 Pなし
支店情報 六角店 MAP P.72E-2

歴史 × 六波羅

story & history

食 ×物語　旅 ×物語

この旅をもっと知る"絶景の物語"

今も語り継がれる六波羅の伝説を探る

冥界伝説や幽霊話などが残る六波羅エリア。不思議な歴史をたずね歩くうちに、異世界へ迷い込むかも？

六原？髑髏原？六波羅エリアの秘密

かつてこの辺りは鳥辺野という葬送地だった。随所に髑髏（どくろ）が転がっていることから「髑髏原」と呼ばれ、それが「六原」「六波羅」に転じたとか。その魂を供養するため創建されたのが六波羅蜜寺とされる。

六波羅蜜寺
MAP P.27C-3　☎075-561-6980
所京都市東山区五条通大和大路上ル東　時8:00～17:00　料600円　休無休　交市バス清水道から徒歩7分　Pなし

平家一門の邸宅があった場所に立つ

先祖を迎える行事「六道まいり」

あの世とこの世を分ける「六道の辻」に立つ六道珍皇寺。六道とは仏教の教義でいう地獄道・餓鬼道・畜生道・修羅（阿修羅）道・人道・天道のことで、この地が六道の分岐点、つまり「冥界への入口」と考えられた。
六道珍皇寺では毎年8月7～10日、あの世から帰ってくる精霊を迎えるための「六道まいり」が行われる。迎え鐘を撞き、高野槙の葉で水塔婆に水をかけて供養する「水回向」を行う。高野槙の葉に乗って精霊が帰ってくると信じられているためだ。
期間中は重文の薬師如来や寺宝の地獄絵なども公開され、多くの参詣者でにぎわう。

地獄絵『熊野観心十界図』（江戸初期）

あの世とこの世を往来小野篁の秘密に迫る

寺の境内には「あの世とこの世を行き来できる」といわれる井戸があり、平安初期の官僚・小野篁（802～852年）が神通力でもって毎夜冥界に通っていたという驚きの伝説が残る。
文人・歌人でもあった小野篁は、昼間は朝廷に仕え、夜は井戸から冥界へ行き閻魔王宮の役人として活動していたとか。あの

境内の閻魔堂には、小野篁像も鎮座

世へ行く「冥途通いの井戸」と、この世に戻る「黄泉がえりの井」がある。

六道珍皇寺
MAP P.27C-2　☎075-561-4129
所京都市東山区松原通東大路西入ル小松町595　時9:00～16:00　料境内自由（堂内600円※要予約）　休無休　交市バス清水道から徒歩5分　P3台

幽霊までも買いに来た伝説の子育て飴

この地で450年続く飴屋にも、霊験あらたかな伝説が残る。
今から400年ほど前、夜な夜な飴を買いに来る女性が現れ、お金がしきみの葉に変わっていたのを不思議に思った店主が後をつけると、鳥辺山にある墓地の前で姿を消した。墓を掘ると赤ん坊がおり、女性は母乳の代わりに飴を与えていたのだ。
女性の幽霊が子の命をつないだことから「幽霊子育飴」として販売。麦芽糖と砂糖を使用した素朴な味は、400年前から変わらないという。

みなとや幽霊子育飴本舗
MAP P.27C-2　☎075-561-0321
所京都市東山区松原通東大路西入ル　時10:00～16:00　休無休　交市バス清水道から徒歩5分　Pなし

当時は水飴だったが今は固形。160g500円

AREA GUIDE

銀閣寺
南禅寺

▎周辺スポットへの
　アクセス

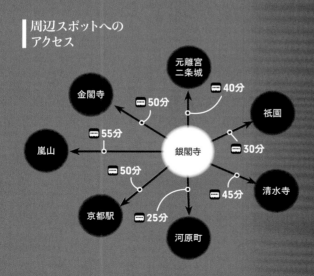

【エリア別】こんなところ！
銀閣寺～南禅寺

約3万m²の神苑に囲まれた平安神宮や、粟田山を借景とした庭園が美しい青蓮院門跡など、自然と一体化した壮大な規模の寺社が並ぶこのエリア。それだけでなく、無鄰菴の庭園や南禅寺の水路閣など、近代化を支えた「琵琶湖疏水」が大きく関わっている景観が多い。一方、岡崎周辺はアートや文化施設が多くアカデミックな雰囲気。自然の営みと、産業や芸術など人の営みが融合した、歩くほどに味わい深いエリアである。

産業遺産が美観を支える

```
                    230円
                 京都～銀閣寺道間
        徒歩    銀閣寺道 ━━━━━━━━━━━━━ 🚌
         👣           市バス
        10分            5・17系統
  銀閣寺 ━━━━━                    35分         京都駅
  ─────  地下鉄                              地下鉄烏丸線
  蹴上駅  東西線   烏丸御池駅
  ─────           
  南禅寺    徒歩   7分          5分
         👣
        10分
                 220円            220円
              烏丸御池～蹴上間   京都～烏丸御池間
```

定番スポットもいいけれど
【こんな楽しみ方もあります】

京都モダンテラスで朝食
日本を代表するモダニズム建築の2階カフェで、魚の西京味噌焼きや季節のフルーツサンド、地卵のたまごかけご飯など和・洋のモーニングを味わえる。

魅力あふれるお庭めぐり
疏水を活かした庭園を見て歩くのもオススメ。東山には、無鄰菴、京都市美術館庭園、平安神宮神苑など、「植治」こと七代目小川治兵衛による庭が多い。

青蓮院門跡でお抹茶
お寺に来たら抹茶で一服はいかが？相阿弥作の庭園を眺めながら、皇室の紋入りの懐紙で包まれたお菓子でひと息。

叡電に乗って絶景旅へ
出町柳駅から鞍馬や比叡山へ向かう叡電。走るほどに窓の外の緑が濃くなり、気温もぐんと下がる。

見どころも多いエリアだから…
【上手に巡るヒント！】

1 哲学の道を歩いて移動しよう
琵琶湖疏水分線に沿って続く哲学の道。銀閣寺、法然院、永観堂などを参拝しつつ南下するといつの間にか南禅寺まで辿り着くという便利な散策路。道すがらにカフェや雑貨店も。

2 境内自由の南禅寺を朝から散歩
南禅寺は三門楼上、南禅院、方丈庭園以外は出入り自由。混雑前の早朝に訪れれば、静寂に包まれた空気を満喫できる。レンガ造りのアーチ橋「水路閣」は無人のときが撮影チャンス。

3 桜シーズンは無料の名所を巡ろう
東山には桜の有名な寺社が多いが、無料で観賞できる穴場もある。南禅寺や哲学の道、岡崎疏水周辺など。特に蹴上のインクラインは線路跡沿いに桜のトンネルができて壮麗だ。

混雑必至のエリアをスムーズに移動
【交通案内】

徒歩
脚力に自信があれば、八坂神社から知恩院、南禅寺、銀閣寺まで歩くことも可能。拝観時間に気を付けて。

京都市バス
「銀閣寺前」「南禅寺」行きのバスは混雑。本数の多い東山通を通るバスに乗り、最寄りで降りて歩くのが無難。

市営地下鉄
地下鉄蹴上駅から南禅寺を抜けるか、東山駅から岡崎を抜け、哲学の道を北上しよう。

2 平安神宮
気高い朱の社殿

平安京の正庁(朝堂院)を模した朱塗りの社殿が特徴的。約3万㎡におよぶ回遊式庭園・神苑が本殿を囲み、紅しだれ桜や花菖蒲など、四季折々の花で楽しませる。

BEST 絶景

絶景ナビ	
京都モダンテラス	P.63
細見美術館	P.64
京都国立近代美術館	P.65

 P.63

1 銀閣寺
日本の美はここにあり

"わびさび"を感じる銀閣寺は、日本が世界に誇る「枯淡の美」の象徴ともいえる存在。哲学の道の北端は銀閣寺から徒歩すぐなので、このエリアの観光のスタート地点とする人も多い。

BEST 絶景

 P.59

銀閣寺～南禅寺[エリア概要]

⚠ ご注意を

大通りは混雑しがち
このエリアを通る系統の市バスは複数あるが、春・秋は渋滞が多い。京阪や地下鉄からもアクセスしやすいので、電車を組み合わせて上手に移動を。

**岡崎公園は
イベントも多い**
平安神宮を中心に広がる岡崎公園。のんびりできる憩いの場だが、イベント開催時はいつも以上の混雑になることも。楽しいイベントも多いので要チェック。

**バスにこだわらずに
タクシーも活用するべし**
白川通や東大路通は交通量が多く、タクシーを拾いやすい場所。複数で利用する場合は、バスよりタクシーの方がスムーズかつ経済的なことも多い。

(地図: 0 300m、今出川通、京都大学はこのあたりです、重森三玲庭園美術館、白川通、❶銀閣寺、大豊神社、東大路通、❷平安神宮、神宮丸太町駅、丸太町通、❸永観堂、❹南禅寺、❺、三条駅、三条通、東山駅、地下鉄東西線、蹴上駅)

---

5 青蓮院門跡
歴史とアートが融合

光の化身とされる熾盛光如来を祀り、皇室ともゆかりの深い院。春と秋のライトアップでは境内や庭が青い幻想的な照明に包まれる。華頂殿の現代アーティストが描いた蓮の襖絵がモダン。

▶P.60

BEST 絶景

絶景ナビ	
一本橋	P.64

4 南禅寺
京都指折りの格式

境内には絶景スポットが多く、大方丈の枯山水庭園やアーチ橋の水路閣などさまざまな時代の美の遺産が観賞できる。高さ22mの三門楼上からのパノラマ風景は歌舞伎のセリフのなかで「絶景」と言われたほど。

▶P.56

BEST 絶景

絶景ナビ	
永観堂(禅林寺)	P.59

3 哲学の道
桜と紅葉が映える

哲学者・西田幾多郎が思索にふけったことから名が付いた、銀閣寺～若王子の疏水沿い約1.5kmの道。「日本の道百選」にも選ばれた。春には約300本の桜が咲き誇り、秋には紅葉が美しい。

▶P.59

BEST 絶景

絶景ナビ	
大豊神社	P.59
法然院	P.59

このまま巡れる！歩ける！
話題の寺アートから世界遺産まで
哲学の道を辿る人気おさんぽコース

半日コース 公共交通機関で

絶景ナビ 青蓮院門跡〜平安神宮〜南禅寺〜哲学の道

襖絵が話題の青蓮院門跡からスタートし、東山文化の象徴・銀閣寺を目指そう。哲学の道を歩いて、自然も満喫できる欲張りコースだ。

START
地下鉄東山駅

銀閣寺や哲学の道方面に向かうときは、市バスを利用する人が多いが、京都駅から乗車できる地下鉄もおすすめ。渋滞もないので混雑する春・秋はぜひ。

↓ 徒歩5分

9:00 青蓮院門跡
モダンな蓮の襖絵は必見！

「粟田御所」という別名をもつ青蓮院門跡。庭園をはじめ、見どころは多数あるが、話題を集めているのが、現代アーティストの木村英輝氏によって描かれた、華頂殿の襖絵。色鮮やか力強い蓮の花が印象的だ。

華頂殿では庭を眺めながらお抹茶500円を。菊紋が入った包みのお菓子と一緒にどうぞ。

絶景ナビ ▶P.60

↓ 徒歩10分

10:00 平安神宮
思わず見とれる朱塗りの社殿

平安遷都1100年を記念して創建された平安神宮は、鮮やかな朱塗りの社殿がフォトジェニック。桜の名所でもあるので、チャンスがあれば春を狙いたい。

絶景ナビ ▶P.63

↓ 徒歩15分

11:00 南禅寺
有名な"絶景"を楼上から

広大な境内でまず参拝者を迎えるのは、京都三大門の一つである三門。楼上に上がることもできるので、絶景を楽しみたい。レンガ造りの水路閣も必見。

絶景ナビ ▶P.56

↓ 徒歩すぐ

11:45 南禅寺 順正
滋味豊かな感動の口どけ

南禅寺参道に店を構え、参拝後の昼食に最適。大豆の旨みが濃厚な豆腐を自家製のタレで味わいたい。四季折々に表情を変える広大な庭園も一緒に楽しんで。

▶P.67

↓ 徒歩すぐ

54

街歩きナビ

観光名所が多く集まるこのエリア。哲学の道を南から北へと見どころを巡ろう。モダンな襖絵が話題の青蓮院門跡や、鮮やかな社殿が目を引く平安神宮は、フォトジェニックな一枚を撮影できる人気のスポット。午前中の早い時間なら、比較的人も少ないのでゆっくり撮影できる。平安神宮周辺は美術館も多いので、時間に余裕があれば立ち寄ってみるのもいいだろう。紅葉が有名な南禅寺へ足を延ばしたら、昼食は寺の参道に立つ湯豆腐店で。ほっこり京都らしい味わいを楽しんだら、自然豊かな哲学の道をのんびり散策。道の途中の大豊神社にも立ち寄りつつ、東山文化のシンボルである銀閣寺を目指そう。

銀閣寺〜南禅寺［エリアコース］

+1時間

名作庭家の旧宅を見学しよう
重森三玲庭園美術館

東福寺の庭園などで知られる作庭家・重森三玲の旧宅の庭園を公開。見学は予約制なので、必ず事前に予約しておこう。

▶P.64

or

古来から愛される「もみじの永観堂」
永観堂

京都を代表する紅葉の名所で、古くから「もみじの永観堂」と呼ばれてきた。秋は夜間拝観も行われるので、スケジュールを要チェック。

▶P.59

or

四季折々に美しい庭園を観賞
詩仙堂

文人・石川丈山の草庵。緑の刈り込みが美しく、秋の紅葉はもちろん、春のサツキ、夏の新緑…と、季節ごとに美しい光景が楽しめる。

▶P.68

13:00　狛ねずみが迎える小さな神社
大豊神社

哲学の道沿いにある神社で、境内にはかわいい狛ねずみがあちこちに。椿の名所としても知られ、見頃は冬から春にかけて。

▶P.59

徒歩12分

13:20　白亜の洋館カフェでひと息
GOSPEL

大豊神社からは哲学の道を歩いて移動。ルートに合わせて南から北へ散歩を楽しもう。途中で立ち寄りたいのが、蔦が絡む白亜の洋館カフェ。ヴォーリズ建築事務所が手がけたクラシカルな元邸宅を改装した英国風の店内で、特製スコーンや紅茶などを楽しめる。

▶P.66

徒歩6分

14:30　簡素な美が心に響く
銀閣寺（慈照寺）

足利義政が築いた東山文化の象徴。銀閣はもちろん、現代アートを思わせる向月台や銀沙灘などにも注目。春と秋には国宝の東求堂、本堂、弄清亭を特別公開。

徒歩10分

GOAL　市バス銀閣寺道

京都名所ナビ 絶景

絶景の三門が迎える
臨済宗南禅寺派の大本山

1 絶景ナビ
南禅寺
なんぜんじ

南禅寺

MAP P.50F-3 ☎075-771-0365

1291（正応4）年、亀山法皇により創建。三門、法堂、方丈などの伽藍、12の塔頭が並ぶ。大方丈の枯山水庭園は小堀遠州作と伝わる。

所 京都市左京区南禅寺福地町86 時 8:40〜17:00（12月は〜16:30） 料 境内無料（三門500円、方丈庭園500円） 休 無休 交 市バス南禅寺・永観堂道から徒歩10分 P 12台

Bestシーズン　新緑（4月〜6月）

56

銀閣寺～南禅寺「絶景名所ナビ」

三門は京都三大門の一つ。高さ22m！

臨済宗の禅の精神にふれる
塔頭&体験も要チェック

数ある寺院の中でも格式が高く、歴史的な建造物や庭園が残る南禅寺。美しい風景と坐禅体験で心を磨こう！

天授庵
1339(暦応2)年建立。池泉回遊式と枯山水、趣の異なる2つの庭園がある。

坐禅
毎月第2・4日曜の朝6時〜7時に行われる「暁天坐禅」で精神統一を。

南禅院
亀山天皇が出家した離宮遺跡で南禅寺発祥の地。庭は京の三名勝史跡庭園の一つ。

57

"絶景かな"で知られる楼上からの大パノラマ

1 三門からの景色。歌舞伎「楼門五三桐」で石川五右衛門が「絶景かな」と見栄を切った 2 琵琶湖疏水を境内に通すため建てられた、重厚なレンガ造りの南禅寺水路閣 3 虎が川を渡る姿を石と白砂で表現した方丈の「虎の子渡しの庭」 4 秋には境内全体が赤や黄に染まる

自然のうつろいに合わせて何度でも訪れたい
多彩な寺社が点在する 四季折々に美しい「哲学の道」へ

銀閣寺〜南禅寺[絶景名所ナビ]

ツウは周辺寺社の木や花を知る!?

銀閣寺から若王子橋まで疏水沿いに続く約1.5kmの道。哲学者・西田幾多郎が思索にふけって歩いたことからこの名がついた。「日本の道百選」にも。約300本の桜がトンネルを作る春の時季もいいが、周囲には古刹や寺社が多く、モミジや椿など境内を彩る木や草花もいろいろ。季節ごとに変わる趣を楽しんでみよう。

❺ 大豊神社（おおとよじんじゃ）

『古事記』にちなんだ狛ねずみが鎮座。境内は枝垂れ紅梅、桜、椿、四季折々の樹木、山野草が彩る。

椿の名所

MAP P.50F-2
☎075-771-1351
所 京都市左京区鹿ケ谷宮ノ前町1 時 境内自由 休 無休 交 市バス宮ノ前町から徒歩5分 P なし

至 銀閣寺 ➡

❷ 銀閣寺（ぎんかくじ）（慈照寺）

足利義政が営んだ山荘を寺に改めた寺院。庭に自生する苔は約200種類といわれ、雨上がりなどは特に美しい。

苔の名所

MAP P.50F-1
☎075-771-5725
所 京都市左京区銀閣寺町2 時 8:30〜17:00（12〜2月は9:00〜16:30、特別拝観は10:00〜16:00）料 1500円（春・秋の特別拝観は本堂・東求堂・弄清亭別途1000円）休 無休 交 市バス銀閣寺道から徒歩10分 P なし

❻ 永観堂（えいかんどう）（禅林寺）

古来より「もみじの永観堂」と呼ばれる名所。約3000本のイロハモミジやオオモミジが池泉回遊式庭園を彩る。

MAP P.50F-2 ☎075-761-0007
所 京都市左京区永観堂町48 時 9:00〜16:00 料 600円（秋の寺宝展期間中は1000円）休 無休 交 市バス南禅寺・永観堂道から徒歩3分 P 20台（寺宝展期間中は利用不可）

紅葉の名所

疏水と京都近代化

琵琶湖の水を京都に引く琵琶湖疏水は1890（明治23）年完成。その技術は水力発電などに活用された。

洗心橋
❸
徒歩3分
桜橋
法然院
安楽寺（あんらくじ）

哲学の道
鹿ケ谷通

❺ 大豊神社（おおとよじんじゃ）

熊野若王子神社

❻ 永観堂（えいかんどう）
⬇ 至 南禅寺・インクライン

❸ 法然院（ほうねんいん）

法然上人と弟子が結んだ草庵。紅葉のほか椿も有名で、春の特別拝観では普段非公開の伽藍とともに椿を楽しめる。

椿の名所

MAP P.50F-1
☎075-771-2420
所 京都市左京区鹿ケ谷御所ノ段町30 時 6:00〜16:00 料 境内自由（伽藍内特別公開の期間中、伽藍内の拝観は有料）休 無休 交 市バス南田町から徒歩5分 P なし

❹ 安楽寺（あんらくじ）

通常非公開だが桜、ツツジ、サツキ、紅葉の時期のみ一般公開。赤く染まった木々と茅葺きの山門との対比が見事。

紅葉の名所

MAP P.50F-2
☎075-771-5360
所 京都市左京区鹿ケ谷御所ノ段町21 時 9:30〜16:30 料 500円 休 春と秋のみ公開 交 市バス錦林車庫前から徒歩7分 P なし

7 絶景ナビ 青蓮院門跡

南禅寺周辺

MAP P.50D-3 ☎075-561-2345

日本天台宗の祖・最澄が建てた僧侶の住坊の一つ「青蓮坊」が起源。代々皇室や摂関家出身の僧侶が住職を務め、粟田御所という別名も。

所 京都市東山区粟田口三条坊町69-1
時 9:00～17:00（受付終了16:30、季節によって夜間拝観あり） **料** 拝観500円 **休** 無休 **交** 地下鉄東山駅から徒歩5分 **P** 5台（夜間拝観時なし）

Bestシーズン 通年

info 夜間拝観は年2回開催

本尊として祀られる熾盛光如来は光の化身とされ、「光」との縁も深い青蓮院門跡。春秋にはライトアップが行われ、1000ほどの照明器具で幻想的な光に包まれる。

拝観だけじゃない
庭を眺めながら
お抹茶でひと息

華頂殿ではぜひ名庭を堪能しながら抹茶をいただきたい。室町時代の相阿弥作と伝えられ、粟田山を借景にした池泉回遊式は実に趣深い。

1 抹茶はお菓子付きで500円 2 茶菓子の包みには菊紋、懐紙には「粟田御所」とある。皇室ゆかりの証

銀閣寺〜南禅寺［絶景名所ナビ］

仏教の宇宙観を
現代アートで体感

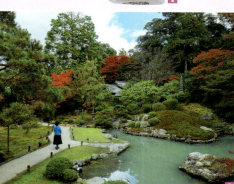

1 華頂殿の蓮を描いた襖絵は現代アーティストの木村英輝氏によるもの 2 ライトアップでは庭園や本堂など境内全域が幽玄な雰囲気に 3 約1万坪の広い敷地に、宸殿、小御所、熾盛光堂などの建物と池泉回遊式庭園がある 4 樹齢800年、京都市の天然記念物である楠。親鸞聖人がお手植えしたと伝わっている

61

info 入ると不思議!「ねじりまんぼ」

三条通から南禅寺に抜ける歩道にあるレンガ造りのトンネル。上部にインクラインがあり大きな負荷に耐えられるようねじらせた形で組み上げられている。

8 インクライン 絶景ナビ 〔南禅寺周辺〕
MAP P.50E-3

琵琶湖疏水の難所部分に敷設された、船を台車で運んだ傾斜鉄道の跡。蹴上インクラインは世界最長で、昭和52年に産業遺産として復元。

所 京都市左京区粟田口山下町～南禅寺草川町 時 料 散策自由 交 地下鉄蹴上駅から徒歩3分 P なし

Bestシーズン 新緑(4月～6月)

9 京都市動物園 絶景ナビ 〔南禅寺周辺〕
MAP P.50D-3 ☎075-771-0210

1903(明治36)年、日本で2番目に開園した動物園。キリン、ゾウ、ニシゴリラなど約120種530点の動物を飼育している。ほかに遊園地もあり人気。

所 京都市左京区岡崎法勝寺町 岡崎公園内 時 9:00～17:00(12～2月は～16:30) 料 620円 休 月曜(祝日の場合は翌平日) 交 市バス岡崎公園 動物園前から徒歩2分 P なし

info 水面に届くソメイヨシノ

岡崎エリアを流れる琵琶湖疏水両岸には多くのソメイヨシノが植えられ、水面にまで枝が伸びる。

10 岡崎さくら・わかば回廊 十石舟めぐり 絶景ナビ 〔南禅寺周辺〕
MAP P.50E-3
☎075-353-2511
(京都府旅行業協同組合)

疏水沿いの桜や初夏の新緑、岡崎の景観が楽しめる遊覧船。南禅寺舟溜り乗船場から夷川ダムまで往復約3km、所要約25分。

所 京都市左京区岡崎 南禅寺舟溜り乗船場 時 3月下旬～5月上旬の9:30～16:30発(ライトアップ運航時は～20:30発) 料 1200円(2020年4月現在) 休 4月中旬以降の平日月曜 交 地下鉄蹴上駅から徒歩7分

朱塗りの社殿は平安京の政庁を復元

銀閣寺〜南禅寺[絶景名所ナビ]

11 絶景ナビ 平安神宮 (へいあんじんぐう)

南禅寺周辺

MAP P.50D-2 ☎075-761-0221

1895（明治28）年、平安遷都1100年に際し桓武天皇を祭神に創建。朱塗りの応天門、大極殿が美しい。約3万㎡の神苑を四季の花が彩る。

所 京都市左京区岡崎西天王町 時 6:00〜18:00（神苑は8:30〜17:30受付終了 ※季節により異なる）料 境内自由（神苑600円）休 無休 交 市バス岡崎公園 美術館・平安神宮前から徒歩3分 P 市営岡崎公園地下駐車場利用（有料）

Bestシーズン 春

info 年に1度だけ！春限定の桜みくじ(はな)

桜の開花に合わせて登場する「桜みくじ」。吉凶が「満開」や「つぼみ」などで記され、桜色のおみくじを結び木に結ぶと桜の木に見える仕組み。

12 絶景ナビ 京都モダンテラス (きょうと)

南禅寺周辺

MAP P.50D-2 ☎075-754-0234

2016年、前川國男設計の京都会館が「ロームシアター京都」に。2階にあるカフェレストランではモダニズム空間で食事やお酒を楽しめる。

所 京都市左京区岡崎最勝寺町13 ロームシアター京都 パークプラザ1F 時 8:00〜22:00 休 不定休 交 市バス岡崎公園 美術館・平安神宮前から徒歩3分 P 市営岡崎公園地下駐車場利用（有料）

1 **2** 1 モーニングで人気の季節のフルーツサンド1188円。サラダ、生ハム、ポタージュが付く 2 窓から陽光が差し込む開放的な店内

63

石ひとつにも美学を感じる庭園芸術

13 重森三玲庭園美術館 〈銀閣寺周辺〉
絶景ナビ

MAP P.50D-1　☎075-761-8776

昭和を代表する作庭家・重森三玲の旧宅書院庭園を公開。1789（寛政元）年築と伝えられる書院と融合するよう設計された茶席や庭を観覧できる。

所 京都市左京区吉田上大路町34　時 11:00～、14:00～（前日の17:00までに予約）　料 書院・庭園、茶室内部を外から見学1000円※見学は電話かメールの事前予約制（ガイド付き）　休 月曜　交 市バス京大正門前から徒歩7分　P なし

書院からは力強い枯山水庭園を望む

14 細見美術館 〈南禅寺周辺〉
絶景ナビ

MAP P.51C-2　☎075-752-5555

実業家・細見家三代の蒐集品を展示。伊藤若冲『雪中雄鶏図』（展示予定は要問合せ）をはじめ、幅広い時代の日本美術をコレクション。

所 京都市左京区岡崎最勝寺町6-3　時 10:00～17:30　料 展示内容により異なる　休 月曜　交 市バス岡崎公園 美術館・平安神宮前からすぐ　P なし

15 一本橋 〈南禅寺周辺〉
絶景ナビ

MAP P.51C-3

白川の知恩院手前に架かる幅約60cmの簡素な石橋。比叡山の千日回峰行を終えた行者が渡ったことから「行者橋」「阿闍梨橋」とも呼ばれた。

所 京都市東山区石橋町　時 散策自由　交 市バス東山三条から徒歩3分　P なし

64

銀閣寺〜南禅寺[絶景名所ナビ]

16 金戒光明寺　銀閣寺周辺
MAP P.50E-2
☎075-771-2204

1175（承安5）年、法然上人が43歳で初めて草庵を営んだ地。幕末に会津藩主・松平容保が本陣を構えた新選組誕生の寺でもある。

所 京都市左京区黒谷町121　時 9:00〜16:00　料 境内自由（秋の特別公開中は別途料金要。※2020年6月現在、今秋の特別拝観の開催は未定）休 無休　交 市バス岡崎道から徒歩10分　P 50台

長い間修行し「螺髪」を重ねた姿を現す五劫思惟阿弥陀仏

18 京都国立近代美術館　南禅寺周辺
MAP P.50D-3 ☎075-761-4111

1963（昭和38）年発足。国内外の近代美術品約1万3000点を収蔵し、特に京都、西日本の美術や工芸に重点を置く。

所 京都市左京区岡崎円勝寺町　時 9:30〜17:00（金・土曜は〜20:00）料 展示内容により異なる　休 月曜　交 市バス岡崎公園 美術館・平安神宮前からすぐ　P なし

17 真如堂　銀閣寺周辺
MAP P.50E-2 ☎075-771-0915

984（永観2）年、戒算上人により開創。境内には三重塔や鐘楼などが並ぶ。桜、紅葉の名所として知られる。

所 京都市左京区浄土寺真如町82　時 9:00〜16:00　料 本堂・庭園500円（境内無料、涅槃図特別公開時は1000円※あられ付）休 不定休（法要・行事などで拝観中止日あり）交 市バス真如堂前から徒歩8分　P 5台（紅葉期なし）

20 京都大学　銀閣寺周辺
MAP P.50D-1

シンボルの時計台（現百周年時計台記念館）内の歴史展示室など、一般入場可能な施設も。

所 京都市左京区吉田本町　時 周年時計台記念館は9:00〜21:30 12月28日〜1月3日、その他臨時休館あり　料 無料　交 市バス京大正門前から徒歩3分　P なし

19 白沙村荘 橋本関雪記念館　銀閣寺周辺
MAP P.50F-1 ☎075-751-0446

日本画家橋本関雪の邸宅として造営。1万㎡の敷地に大正〜昭和初期築の居宅、画室、茶室などが点在。

所 京都市左京区浄土寺石橋町37　時 10:00〜16:30最終入館　休 無休　料 入館1300円（特別展は別途）交 市バス銀閣寺前からすぐ　P なし

65

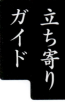

銀閣寺周辺 立ち寄りガイド

■ GOSPEL（ゴスペル）
MAP P.50F-1 ☎075-751-9380
所 京都市左京区浄土寺上南田町36 時 12:00～18:00 休 火曜 交 市バス浄土寺から徒歩4分 P なし

ヴォーリズ建築事務所が手がけた、レトロな洋館がカフェに。人気は特製スコーンと紅茶のセット1430円。

✕ 日の出うどん
MAP P.50F-2 ☎075-751-9251
所 京都市左京区南禅寺北ノ坊町36 時 11:00～15:00 休 日曜、月2回月曜 交 市バス宮ノ前町から徒歩2分 P 2台

スパイシーでコクのあるカレーうどんにファン多数。牛肉や揚げの入った特カレーうどん1050円。

■ 銀閣寺 喜み家
MAP P.50F-1 ☎075-761-4127

姉妹で営む甘味処。アンティーク家具の中、豆かんや白みそ雑煮（冬季）などで一息。あん豆かん680円。

所 京都市左京区浄土寺上南田町37-1 時 11:00～17:00 休 水曜 交 市バス銀閣寺前から徒歩3分 P なし

■ 進々堂 京大北門前
MAP P.50D-1 ☎075-701-4121

1930（昭和5）年、パリのカルチェ・ラタンのカフェをイメージして開店。自家製カレーのパンセット830円。

所 京都市左京区北白川追分町88 時 8:00～18:00（LO17:45）休 火曜 交 京阪出町柳駅から徒歩10分 P なし

■ 茂庵
MAP P.50E-1 ☎075-761-2100

森の小道を抜けた先にある、緑に囲まれたカフェ。スイーツや月替わりのランチ1630円などをのんびり楽しもう。

所 京都市左京区吉田神楽岡町8吉田山山頂 時 11:30～17:00（17:00LO）交 市バス浄土寺から徒歩15分 休 月・火曜（祝日の場合は営業）P 3台

■ SIONE 京都銀閣寺本店
MAP P.50E-1 ☎075-708-2545

6代続く窯元による SHOWKO さんによる陶磁器ブランド「SIONE」のショップ＆カフェ。和漢のお茶864円～。

所 京都市左京区浄土寺石橋町29 時 11:30～17:30、カフェは～LO17:00 休 水曜、不定休あり 交 市バス銀閣寺道からすぐ P なし

■ 緑寿庵清水
MAP P.51C-1 ☎075-771-0755

1847年創業、日本唯一の金平糖専門店。職人が一子相伝の技で手作りする金平糖は約85種類。おかぼの金平糖1836円など季節限定品も多彩。

所 京都市左京区吉田泉殿町38-2 時 10:00～17:00 休 水曜（祝日の場合は木曜）交 市バス百万遍から徒歩2分 P なし

■ CheerUp!（チアアップ）
MAP P.51C-2 ☎075-751-5556

自家製酵母を使用したもちもちのベーグルが人気。メープルくるみ194円やチーズ216円など種類も豊富。

所 京都市左京区岡崎徳成町18-6 エモーションビル1F 時 8:00～18:00 休 月曜、第2・4火曜 交 市バス岡崎公園 ロームシアター京都・みやこめっせ前から徒歩3分 P なし

■ La Voiture（ラ ヴァチュール）
MAP P.50D-2 ☎075-751-0591

名物は先代から孫へと受け継がれるタルトタタン808円。じっくり煮詰めた肉厚りんごの深い甘みと酸味がクセになる味わい。

所 京都市左京区聖護院円頓美町47-5 時 11:00～18:00（LO17:30）休 月曜、不定休あり 交 市バス熊野神社前から徒歩5分 P 1台

■ 菓子チェカ
MAP P.50E-2 ☎075-771-6776

茶釜の湯で淹れたコーヒーとスイーツが味わえる。プリンかき氷1000円など自家製シロップのかき氷は夏季限定。

所 京都市左京区岡崎法勝寺町25 時 10:00～19:00 休 月・火曜 交 地下鉄蹴上駅から徒歩7分 P なし

66

京都の味 2

名物名品

湯豆腐

京の清廉な水が生む極上の口どけ

湯豆腐「花」 3000円
湯豆腐のほか、豆腐田楽や天ぷら、小鉢、ご飯や香の物が付いた盛りだくさんのコース

湯豆腐の名店が連なる南禅寺参道にある京会席と湯豆腐の店。南禅寺界隈の散策途中に立ち寄りやすく、豆腐田楽や胡麻豆腐、天ぷらなどが付く湯豆腐のコース料理が味わえる。

コースの主役は、選りすぐりの国産大豆と京都の良質な水で作られる旨みの凝縮した豆腐。柚子が香る利尻昆布のダシにそっとくぐらせ、自家製のタレに浸していただくと、舌の上でふわりとほどけていく瞬間がたまらない。

1200坪もの広大な敷地の中には、江戸時代の蘭学医が開いた元・医学学問所で、現在は国の登録有形文化財に指定されている順正書院が立つ。幕末の京都の案内書『花洛名勝図会』にも登場した由緒ある建物で、当時は文化サロン的存在であったという。その周囲には東山を借景とした庭園が広がり、初夏には青々と輝くもみじが秋には深紅に染まるといった四季折々の趣が、料理の奥深い味わいをいっそう引き立ててくれる。

庭の豊かな緑を眺めつつ、ゆったりとしたひとときを過ごせる

大豆本来の魅力が存分に引き出された豆腐は、そのまま食べても美味

老舗でいただきます
南禅寺周辺
南禅寺 順正（なんぜんじ じゅんせい）
MAP P.50E-3 ☎075-761-2311
所 京都市左京区南禅寺門前 時 11:00～LO20:00 休 不定休 交 地下鉄蹴上駅から徒歩5分 P なし ※2020年6月現在休業中
支店情報 清水順正 おかべ家 MAP P.28E-3

[工程]

1 浸漬・磨砕
水を含ませた大豆に水を注ぎながら磨砕機ですりつぶす

2 加熱
すりつぶした大豆「呉（ご）」を、釜に移して煮沸する

3 濾過
煮あがった呉を豆乳とおからに分離。豆乳は豆腐に使われる

銀閣寺からひと足 叡電で行く絶景旅

叡電とは？
出町柳駅を起点に左京区を北へ向かう叡山電車。愛称を「叡電」といい、鞍馬線の展望列車「きらら」や、叡山本線の観光列車「ひえい」が人気。

MAP P.4D1〜2 ☎075-702-8111
（叡山電車 鉄道部運輸〈営業担当〉）

絶景ナビ 1 　一乗寺
詩仙堂
MAP 付録 裏D-2
☎075-781-2954

江戸時代の文人・石川丈山の草庵。丈山自ら設計した庭園は、サツキのまるい刈込みが特徴で、詩仙の間から眺められるほか散策も可能。

所 京都市左京区一乗寺門口町27　時 9:00〜16:45　料 500円　休 5/23　交 叡電一乗寺駅から徒歩15分　P なし

Bestシーズン　サツキ（5月下旬〜6月上旬）

【名物】

豆乳プリン 各410円

ほうじ茶とお抹茶の2種。後味が爽やか

一乗寺中谷
MAP 付録 裏D-2
☎075-781-5504

和菓子職人とパティシエの夫妻が営む店。併設のカフェでは、パフェやわらび餅など甘味のほか、軽食も味わえる。

所 京都市左京区一乗寺花ノ木町5　時 9:00〜18:00　休 水曜（11月不定休）　交 叡電一乗寺駅から徒歩6分　P 3台

圓光寺
MAP 付録 裏D-2
☎075-781-8025

1601（慶長6）年、徳川家康が開いた学問所が起源。紅葉が美しい十牛之庭、洛北最古の泉水・棲龍池など見どころ多数。

所 京都市左京区一乗寺小谷町13　時 9:00〜17:00　料 500円　休 無休　交 市バス一乗寺下り松町から徒歩8分　P 30台（11月は利用不可）

修学院離宮
MAP 付録 裏D-1
☎075-211-1215
（宮内庁京都事務所参観係）

後水尾上皇が比叡山の麓に造営した広大な山荘。上・中・下の3つの離宮で構成され、風雅な趣を漂わせる。

所 京都市左京区修学院藪添　時 事前申込または当日申込（詳細は公式HPを確認）　料 参観無料　交 市バス修学院離宮道から徒歩15分、叡電修学院駅から徒歩20分　P なし

【見どころ】

赤山禅院
MAP 付録 裏D-1
☎075-701-5181

御所の表鬼門にあたり、方除けや鬼門除けのご利益で有名。「もみじ寺」と称され、秋は境内一帯が真紅に染まる。

所 京都市左京区修学院開根坊町18　時 9:00〜16:30　料 拝観無料　休 無休　交 叡電修学院駅から徒歩20分　P なし

68

取り外せて便利！

京都

大人絶景旅
日本の美をたずねて

バス路線図 MAP
&
京都市街図 MAP

CONTENTS

[表]
1　京都の通り名案内
2　主要バス乗り場 MAP
3　京都駅 バス乗り場 MAP
4　京都市内 バス路線図

[裏]　京都市街図 MAP

銀閣寺〜南禅寺[叡電で絶景旅]

2 絶景ナビ [八瀬]
瑠璃光院 (通常非公開)
MAP P.4D-1 ☎075-781-4001

本願寺歴代門跡も訪れた寺院で、大正〜昭和初期に数寄屋造りに改められた。書院2階の机上に鏡のように映り込む瑠璃の庭が有名。

所 京都市左京区上高野東山55 時 10:00〜17:00(日程により人数制限あり、HP要確認) 料 2000円 休 公開中は無休(公開は春・秋の特別拝観のみ、要問合せ) 交 叡電八瀬比叡山口駅から徒歩5分 P なし

Bestシーズン 紅葉(10月〜12月上旬)

【名物】

神虎餅 各130円

鞍馬寺の本尊・毘沙門天の使いが虎であることが名の由来

多聞堂
MAP P.5C-1 ☎075-741-2045

鞍馬寺参道の和菓子店で、名物は、栃の実入りのやわらかな餅であんをくるんだ牛若餅。

所 京都市左京区鞍馬本町235 時 9:30〜16:30 休 水曜(前後連休の場合あり) 交 叡電鞍馬駅から徒歩2分 P なし

鞍馬寺
MAP P.5C-1 ☎075-741-2003

牛若丸こと源義経が天狗と修行したという伝説が残る霊峰・鞍馬山に立つ。大自然に包まれた屈指のパワースポット。

所 京都市左京区鞍馬本町1074 時 9:00〜16:30 料 愛山費300円 休 無休 交 叡電鞍馬駅から徒歩5分 P なし

貴船神社
MAP P.5C-1 ☎075-741-2016

鴨川の水源地にあり、水の神を祀る古社。和泉式部が参詣し復縁祈願が成就したことから縁結びの神としても有名。

所 京都市左京区鞍馬貴船町180 時 9:00〜17:00(授与所) 料 参拝無料 休 無休 交 叡電貴船口駅から徒歩30分または京都バスで5分 P 25台

【見どころ】

比叡山延暦寺
MAP P.4D-1 ☎077-578-0001

天台宗祖・最澄が結んだ草庵に起源をもつ世界文化遺産。東塔、西塔、横川の三塔十六谷からなる諸堂を有する。

所 滋賀県大津市坂本本町4220 時 東塔8:30〜16:30、西塔・横川9:00〜16:00(季節により異なる) 料 1000円(東塔・西塔・横川共通券) 休 無休 交 叡電八瀬比叡山口駅から八瀬ケーブル・ロープウェイで比叡山頂駅へ、シャトルバスに乗り換え5分、延暦寺バスセンター下車徒歩5分 P 525台

歴史 ×物語　食 ×物語

旅 ×琵琶湖疎水

story & history

この旅をもっと知る"絶景の物語"

京都の歴史に水あり 琵琶湖疎水と名庭のつながり

琵琶湖疎水がもたらしたのは水運だけではない。観光都市としての京都の発展にも貢献している。

水の力で産業振興！ 明治の琵琶湖疎水事業

1869（明治2）年に東京へ都が遷った後の京都は、産業も衰退し、人口も急減した。そこで産業の振興を図ろうと計画されたのが疎水事業。琵琶湖の水を京都に引こうという壮大な規模の計画だ。

府の年間予算の約2倍という膨大な費用を投入し、約5年を費やした工事は明治23（1890）年に完了。大津市観音寺から京都市伏見区堀詰町までの全長約20km

写真提供／京都市上下水道局

横穴以外に堅坑を掘る「シャフト方式」を日本で初めて採用

の「第1疎水」や「疎水分線」、1912（明治45）年に完成した「第2疎水」などから構成され、今も現役で活躍。琵琶湖疎水を活用した水力発電や水車動力は産業を発展させ、上水道の整備など京都の都市化の礎となった。

写真提供／京都市上下水道局

蹴上船溜とドラム工場（明治26年）

豊富な水が生み出した 東山エリアの名庭たち

琵琶湖疎水の成果物として、意外なのが「庭園」。かつて南禅寺の領地であった一帯には山縣有朋の別荘無鄰菴をはじめ、清流亭、碧雲荘など広大な高級別荘が次々と建てられた。別荘には七代目小川治兵衛らによる庭園が造られ、その庭に引水されたのが琵琶湖疎水だった。

実は平安神宮、円山公園、現在の京都国立博物館の庭園にも疎水の水が引かれている。

東山を主山とした明治の名園 ©植彌加藤造園

無鄰菴（むりんあん）
MAP P.50E-3　☎075-771-3909
所 京都市左京区南禅寺草川町31　時 9:00〜17:00（季節により変動）　料 600円　休 12月29日〜31日　交 地下鉄蹴上駅から徒歩7分　P なし ※庭園カフェも営業中

明治150年で注目！ 琵琶湖疎水を見てみよう

明治元年から満150年を迎えた2018年、京都市は明治期に行われた近代化事業を今と未来に活かす「明治150年・京都の奇跡プロジェクト」を実施。

その一つが舟運の復活だ。陸運の発達により1951（昭和26）年を最後に姿を消した通船を、観光船「びわ湖疎水船」としてよみがえらせた。かつてのルートである第一琵琶湖疎水（大津〜蹴上間）を運航する。

びわ湖疎水船（こそすいせん）
MAP P.50E-3
期 料 詳細はHP（https://biwakososui.kyoto.travel）で確認を　交 地下鉄蹴上駅から徒歩4分（蹴上乗下船場）

運航区間には4つのトンネルがある

琵琶湖疎水の150年

1881年	第3代京都府知事・北垣国道が琵琶湖疎水事業を計画
1885年	工事がスタート
1890年	琵琶湖疎水が完成
1891年	蹴上発電所が完成
1912年	第2疎水と同時に蹴上浄水場完成。京都市の水道事業が誕生
1948年	蹴上インクラインが休止
1951年	琵琶湖疎水の舟運が衰退
1968年	第1・2疎水全線を改修
1996年	琵琶湖疎水関連施設12か所が国の史跡に指定
2007年	琵琶湖疎水が経済産業省の近代化産業遺産に認定
2018年	琵琶湖疎水の舟運が67年ぶりに復活

70

GOURMET GUIDE

京都で
食べる

京料理 ▶P.74

老舗の丼・麺 ▶P.76

錦市場 ▶P.78

町家ランチ ▶P.80

おばんざい ▶P.82

夜ロケーション ▶P.84

レトロカフェ ▶P.86

京甘味 ▶P.88

モーニング ▶P.90

京料理

名物のワケ

京都の歴史と文化が食膳の上に凝縮された京料理。食材はもちろん、器や盛付け、店の設えからも季節を味わうことができる。京グルメの神髄がここに。

1 取り除いたハモの骨もだしをとるのに利用 2 細かい切り目で小骨を切っていく

堺萬 （さかいまん） 〔烏丸〕

MAP P.73C-1　☎075-231-3758

所 京都市中京区二条通室町西入ル大恩寺町248-2　**時** 12:00〜14:30、17:00〜20:30　**休** 火曜、最終月曜　**交** 地下鉄烏丸御池駅から徒歩6分　**P** なし

老舗で味わうハモづくし会席

1863年(文久年間)創業。巧妙な骨切りの技が光る名物のハモ料理は、谷崎潤一郎など多くの文人墨客をも魅了してきた。なかでも、骨を感じさせないほど薄く切った薄造りはこの店ならではの逸品で、ハモ本来の甘みや繊細な脂を堪能できる。5〜10月はハモ料理、それ以外の季節はグジ（甘鯛）やアンコウの鍋料理を楽しめる。

ハモづくし
1万3310円
皿の模様が透けるほどの薄造りやハモ落とし、鍋などで多彩に味わえる

食べる京都 [京料理]

感動をいざなうひきたてのだし

木山 (きやま)
京都御所周辺
MAP P.51A-2 ☎075-256-4460
所 京都市中京区絹屋町136 ヴェルドール御所1F
時 12:00〜15:00(LO13:30)、18:00〜22:00(LO19:30)
休 不定休 交 地下鉄丸太町駅から徒歩6分 Pなし

「京都和久傳」の料理長を経た店主が、良質な京の水を使い約10品のコースを提供。椀物のだしを客の目の前でひき始めるのが特徴。

夜コース 2万円〜
約80℃の昆布だしに削りたての鰹節を加えてひきたてのだしを使う

1 ぐじを使った椀物の一例 2 食事は雲丹玉じめ丼などから選ぶ

空間も雅な数寄屋造りの店

京育ちの店主が腕を振るい、意匠を凝らした空間が目を楽しませる。昼会席なら9600円〜と京料理初心者にも優しいのが嬉しい。

昼懐石 9600円〜
選りすぐりの食材を用い、伝統の技に遊び心を加味した品々が揃う

1 見目麗しい八寸はコースの花形 2 〆は土鍋で炊いた季節のご飯

祇園にしかわ
祇園
MAP P.26D-2 ☎075-525-1776
所 京都市東山区下河原通八坂鳥居前下ル下河原町473 時 12:00入店のみ、18:00〜19:00入店まで
休 日曜(祝日の場合は翌日休)、月曜の昼 交 市バス東山安井から徒歩3分 Pなし

3000円代以下で気軽に京料理ランチ

志る幸 (しるこう)
河原町

1932年創業。昼夜ともに人気の利久辨當2640円は、豆腐入りの白味噌汁と季節のかやくご飯につまみ肴5品が付く。

MAP P.72F-3 ☎075-221-3250
所 京都市下京区四条河原町上ル一筋目東入ル 時 11:30〜14:00最終入店、17:00〜20:00最終入店 休 水曜、不定休あり 交 市バス四条河原町から徒歩1分 Pなし

逸品 はし長 鯛涸鯛 (いっぴん はしなが たいのたい)
烏丸

「割烹の味を気軽に楽しんでほしい」と、お任せ昼膳は3500円〜で提供。前菜やお造り、焼き物など盛りだくさんな内容。

MAP P.73C-2 ☎075-253-6807
所 京都市中京区室町通蛸薬師上ル鯉山町535 室蛸ビル1F 時 12:00〜14:00、18:00〜22:00 休 火曜 交 阪急烏丸駅から徒歩6分 Pなし

京の粋を詰めた豪華な京弁当

1935(昭和10)年創業の仕出し屋。当主の三代目は、伝統的な京料理に先端の技を織り交ぜたスタイルで客の心をつかんでいる。

洛中弁当 5500(サ別)円
季節の食材を美しく盛り込んだ八寸、炊き合わせなど。平日昼限定

京料理 木乃婦 (きょうりょうり きのぶ)
烏丸
MAP P.73C-3 ☎075-352-0001
所 京都市下京区新町通仏光寺下ル岩戸山町416 時 11:30〜LO13:30、17:30〜LO19:30 休 水曜 交 地下鉄四条駅から徒歩5分 Pなし

老舗の丼・麺

名物のワケ

京都人が愛する普段着のご馳走。気負わずに味わえるメニューながら、風味豊かなだしや厳選した素材など、老舗ならではのこだわりが生きている。

巨大だし巻きがのる きんし丼

創業100年以上の鰻料理店。名物は分厚いだし巻きが丼を覆うきんし丼だ。熟練の職人が備長炭で丁寧に焼き上げた鰻の旨みと秘伝のタレのコクマイルドなだし巻きの味が一体となって口福を誘う。鰻は焼きと蒸しを合わせた江戸焼きなので、皮目は香ばしく身はふっくらと仕上がっている。う巻き（950円）などの単品も用意。

1. 店頭で焼き上げるので香ばしさ抜群
2. レトロな建物も魅力的

きんし丼（並）
2600円
鰻のタレは代々受け継いできたもの。ご飯にもほどよく染みている

河原町

京極かねよ
MAP P.72E-2 ☎075-221-0669
所 京都市中京区六角通新京極東入ル松ヶ枝町456 時 11:30〜LO20:30 休 無休 交 市バス河原町三条から徒歩2分 P なし

食べる京都 [老舗の丼・麺]

京都人の好物・お揚げさん たっぷりの衣笠丼

本家尾張屋 本店 〔烏丸〕
MAP P.51A-3
☎075-231-3446
所 京都市中京区車屋町通二条下ル　時 11:00〜LO18:00　休 元日、1月2日　交 地下鉄烏丸御池駅から徒歩2分　P なし

創業から550年以上を誇る蕎麦と蕎麦菓子の店。京の名水で仕込むだしがベースの蕎麦つゆを丼にも使用する。お揚げと九条ネギを卵でとじた衣笠丼が一番人気だ。

衣笠丼 1045円
具を卵でとじた姿を雪の衣笠山に見立てたのが名の由来とされる

花びらのように卵が舞う けいらんうどん

京都 権太呂 本店 〔河原町〕
MAP P.72E-3
☎075-221-5810
所 京都市中京区麩屋町通四条上ル　時 11:00〜20:00　休 水曜（祝日の場合は営業）　交 地下鉄四条駅からすぐ　P なし

100年以上の歴史をもち、3種の鰹節や羅臼昆布の風味が生きただしの味を守る。卵入りのあんかけ・けいらんうどんは季節を問わず京都人が好むうどんの一つ。

けいらんうどん 1000円
ふんわりと麺を覆う卵に、ショウガの風味がアクセントを添える

九条ネギが食感よき 名物の鴨なんば

晦庵 河道屋 本店 〔河原町〕
MAP P.72E-2
☎075-221-2525
所 京都市中京区麩屋町通三条上ル下白山町295　時 11:00〜20:00（LO19:40）　休 木曜　交 地下鉄京都市役所前駅から徒歩3分　P なし

享保年間より続く老舗。鴨なんばは、山の芋を打ちこんだそば、ふわっとしつつコシのあるうどんとどちらでも味わえる。合鴨と九条ネギの相性のよさを堪能して。

鴨なんば 1100円
だしで河内鴨のモモ肉を軽く煮込んでいるので旨みがたっぷり

老舗だし屋の味を手軽に

仁王門 うね乃 〔河原町〕
MAP P.51C-3　☎075-751-1188
所 京都市左京区新丸太町41　時 11:30〜15:00（LO）、16:30〜19:00（LO）　休 木曜、月2回水曜不定休　交 京阪三条駅から徒歩4分　P なし

料亭でも愛用される無添加だし素材の店「うね乃」直営。しっぽくうどん1200円（写真）など、風味高いだしが活きた品が充実。

錦市場

河原町

にしきいちば
錦市場
MAP P.72E-2 ☎店舗により異なる
所京都市中京区二条通室町西入ル大恩町248-2 時休店舗により異なる 交西入口:地下鉄四条駅から徒歩4分 東入口:阪急京都河原町駅・烏丸駅から徒歩4分 Pなし

名物のワケ

「京の台所」として京都人に親しまれている錦市場。全長390mの通りの両側に食材を扱う店や飲食店などがずらりと並び、食欲を刺激する。

京の美味が集結した通りでそぞろ歩き

四条通の一つ北にある錦小路通の一角で、東の寺町通から西の高倉通までを「錦市場」と呼ぶ。その歴史は古く、延暦年間に始まったという説もあるが定かではない。現在は120軒ほどの店が軒を連ね、京野菜、京漬物、鮮魚、乾物、湯葉など京都人の胃袋を支える食材を対面で販売。近年は国内外の観光客も多く訪れ、買い物を楽しんでいる。

78

月替わりの定食
2000円

八百屋直営の隠れ家的食事処
❹ いけまさ亭
MAP P.72D-2
☎075-221-3460

旬の野菜をふんだんに使ったおばんざいの定食や、ボリュームたっぷりの丼が味わえる。

時 11:30〜LO14:00、17:30〜LO21:30※日・月曜は昼のみ営業 休 火曜

食べる京都[錦市場]

黒豆やきなこのメニューが充実
❸ 黒豆茶庵 北尾 京の台所・錦店
MAP P.72D-2 ☎075-212-0088

丹波産の黒豆などを扱う「北尾」直営の甘味・食事処。自分で石臼挽きにしたきなこを味わえる。

時 10:00〜18:00※喫茶は11:00〜LO17:00 休 火・水曜（季節により異なる）

店頭では黒豆商品の販売も行う

京・丹波ぶどう黒豆1袋150g810円

小鳥の形がかわいい逸品♪

一生ものの包丁に出合える専門店
❷ 有次
MAP P.72E-2
☎075-221-1091

包丁や鍋、抜き型など、職人技で作られた料理道具が揃う。真鍮製の栓抜き6600円。

時 9:00〜17:30 休 1月1日〜3日

創業から450年以上の歴史をもつ老舗だ

京都や琵琶湖の川魚ならおまかせ
❶ 山元馬場商店
MAP P.72E-2
☎075-221-4493

京都や滋賀でとれた川魚を使ったお惣菜や佃煮などが充実。琵琶湖産本もろこなど希少な品も。

時 8:00〜17:00 休 水曜

だし巻きや、鰻を巻いた「う巻き」も人気

うなぎ巻き 1本130円

```
高倉通 │ 堺町通 │ 柳馬場通 │                    │ 麩屋町通 │         御幸町通 寺町通 │ 新京極通
  京つけもの西利  鮮嘉 麩嘉(三) 三木鶏卵  富小路通    やまだしや        錦・高倉屋
  錦大丸  ❼こんなもんじゃ  ❹いけまさ亭  ❻魚力  ❸黒豆茶庵北尾京の台所錦店  ❶山元馬場商店  湯波吉 麩房老舗  ❷有次
         ❺打田漬物錦小路店  のと与西店  野村佃煮 錦川政
                         錦小路通
                              約50m 1分
                                                                      錦天満宮
```

錦天満宮
錦市場の東端にある神社。学業成就や商売繁盛のご利益があるといわれている。

やさしい甘さの豆乳ドーナツ
❼ こんなもんじゃ
MAP P.72D-2 ☎075-255-3231

京とうふ藤野の直営店。豆腐のほか、豆乳を使ったドーナツやソフトクリームなどのスイーツも豊富。

時 10:00〜18:00 休 不定休

揚げたての豆乳ドーナツが購入できる

豆乳ドーナツ 10個300円

鱧を気軽にいただける
❻ 魚力
MAP P.72D-2
☎075-221-4003

天然にこだわる祝い鯛や、香ばしい焼き鱧などがズラリ。店内でいただける鱧天や鱧カツも大人気！

時 10:00〜19:00 休 不定休

揚げたての鱧カツも並ぶ

彩り豊かな京漬物に目移り
❺ 打田漬物 錦小路店
MAP P.72D-2 ☎075-221-5609

畑の品質管理から行うほど、素材となる野菜を大切にしている。名物の千枚漬は冬のお楽しみ。

時 9:00〜18:00
休 無休

定番品から季節限定品まで幅広い品揃え

花大根 594円

町家ランチ

名物のワケ
京都らしい佇まいが旅情を誘う町家空間。料理だけではなく雰囲気もあわせて楽しめるとあって、京グルメの定番に。多彩なジャンルが揃うのも魅力。

坪庭付きの町家で彩り豊かな寿司を堪能

石畳の道が続く石塀小路にある町家。名物の「手和え寿し」は、美しく並んだ50種類以上のなかから好きな組み合わせで選んだ具材を、酢飯と"和えて"いただくスタイル。具材はすべて丁寧に調理されていて、味付けは1つずつ異なる。シメにはカツオと昆布でひいた土瓶蒸しのだしを酢飯にかけてお茶漬け風に味わって。※12歳以下は入店不可。

祇園
AWOMB 祇園八坂（アウーム ぎおんやさか）
MAP P.26D-2 ☎050-3134-3564
所 京都市東山区下河原町463-8
時 11:00～18:00(LO17:00)
休 不定休
交 市バス東山安井からすぐ
P なし

手和え寿し 3267円
具材には、フルーツや季節の野菜ソースなどのアクセントも

食べる京都 [町家ランチ]

西陣
京ゆば処 静家 西陣店
きょうゆばどころ せいけ にしじんてん

MAP P.92E-2 ☎075-468-8487

所 京都市上京区大宮通今出川下ル薬師町234
時 8:00～LO10:30（前日までの予約制）、12:00～14:00
休 水・日曜
交 バス今出川大宮からすぐ
P なし

※写真はイメージ

西陣の趣ある町家で味わうできたての湯葉

築140年以上の町家を利用した湯葉料理専門店。本店のある美山の清冽な水と国産大豆をブレンドした豆乳で作る湯葉が自慢だ。

京ゆば御膳（昼）3500円～
汲み上げゆば、季節の口取り、ゆばのお造りやゆばの陶板焼きなど

京都御所周辺
RYORIYA STEPHAN PANTEL
リョウリヤ ステファン パンテル

MAP P.51A-2 ☎075-204-4311

所 京都市中京区柳馬場通丸太町下ル四丁目182
時 12:00～12:30（最終入店）、18:00～18:30（最終入店）
休 火・水曜
交 地下鉄丸太町駅から徒歩4分
P なし

モダンに改装された町家レストラン

重厚な門構えの大型町家で、フランス人シェフの独創的で繊細な料理を味わえる。夜のコースに入るフォアグラと奈良漬けは必食。

ランチコース 6000円～
内容は日替わり。フォアグラと奈良漬けはアラカルトで追加可能

お寺ランチも人気です

烏丸
D&DEPARTMENT KYOTO
ディアンド デパートメント キョウト

「D&DEPARTMENT」が手がける、本山佛光寺の境内にあるカフェ。京都定食1400円～やデザートも味わえる。

MAP P.72D-3 ☎075-343-3215
所 京都市下京区高倉通仏光寺下ル新開町397 本山仏光寺内
時 10:30～18:00（LO17:00）
休 水曜（祝日の場合は翌日休）
交 地下鉄四条駅から徒歩6分
P なし

嵐山
精進料理 篩月
しょうじんりょうり しげつ

天龍寺の境内で精進料理を提供。朱塗りの膳に、野菜や湯葉、乾物などを使った料理が並ぶ。雪3300円～、別途拝観料500円。

MAP P.112B-2 ☎075-882-9725
所 京都市右京区嵯峨天龍寺芒ノ馬場町68
時 11:00～14:00
休 無休
交 嵐電嵐山駅から徒歩5分
P 120台（天龍寺有料駐車場）

烏丸
まつは

MAP P.51A-3 ☎075-231-7712

所 京都市中京区晴明町671
時 10:00～17:00（LO16:30）
休 土・日・月曜
交 地下鉄京都市役所前駅から徒歩5分
P なし

調度品もかわいい居心地のいいカフェ

小さなカウンターや座敷、テーブル席を備えた町家カフェ。和食をベースにひと工夫を加えた温かみのある料理はどれも滋味豊か。

一汁三菜 900円
和洋の味をセンスよく織り交ぜた日替わり料理がしみじみおいしい

おばんざい

名物のワケ

京都人の食卓でおなじみのおばんざいは、季節の野菜や乾物を使ったり、だしを効かせたりした優しい味わいが魅力。肩の力を抜いてお酒と一緒にぜひ。

ひとりでも楽しい大人気カウンター

木屋町のビル奥にある、カウンターがメインの店。割烹着が似合う店主・としいさんが温かく迎えてくれるので、初めてでも女性ひとりでも安心。カウンターには、としいさんのおうちの味や、湯葉や京野菜など京都らしい食材を使った品々がずらりと並ぶ。選りぬきの地酒を傍らに、料理やとしいさんとのおしゃべりを楽しもう。

先斗町
ぽんとちょう
京都の五花街の一つ。昔ながらのお茶屋が並ぶ通りに、近年は一見さんも入りやすい店が軒を連ねる。
MAP P.72F-2
交 阪急京都河原町駅1-A出口からすぐ

あおい
MAP P.72F-2　河原町
☎ 075-252-5649
所 京都市中京区東木屋町三条下ル材木町181-2ニュー京都ビル1F奥
時 17:00〜22:00
休 月・日曜・祝日ほか不定休あり
交 地下鉄三条京阪駅／京阪三条駅から徒歩5分　P なし

じゃこ万願寺とうがらし
580円
みずみずしい食感が楽しめる定番の一品。お酒にもご飯にも

ゆばのおつくり
880円
肉厚の湯葉は大豆の甘みや香りが濃厚。ワサビ醤油であっさりと

てっぱい
780円
「ぬた」を京都ではこう呼ぶ。焼いたお揚げや生麩入りなのが好評

食べる京都[おばんざい]

25品以上が並ぶ圧巻カウンター

40年以上、地元客から撮影所の俳優、スタッフに広く愛される店。先代譲りの家庭の味が大鉢で約25種類（変動あり）。旬の素材や京野菜、オリジナル料理など、バランスよく味わいたい。シメには山椒ごはん540円を。

西院
京のおばんざい わらじ亭

MAP 付録 裏B-4
☎075-801-9685
所 京都市中京区壬生東大竹町14
時 17:00〜22:30 休 日曜・祝日
交 嵐電西大路三条駅から徒歩3分 P なし

1 れんこんつくねは鶏肉と合わせた人気の1品 2 香ばしく焼いたお揚げ入りの九条ネギぬた 3 〆鯖。すべて650円

スタイリッシュな和モダン空間

四条烏丸の路地奥にある築100年の町家で、内装はバーのように洗練されている。空間のモダンさと、大鉢で並ぶおばんざいの意外なマッチングが魅力だ。ダイニングバー感覚でデートや女子会に使うのにぴったり。

烏丸
お数家いしかわ

MAP P.72D-3
☎075-344-3440
所 京都市下京区高倉通四条下ル高材木町221-2
時 17:30〜22:00 休 不定休 交 阪急烏丸駅からすぐ P なし

1 ごろっとしたジャガイモにほっこりする肉じゃが660円 2 カボチャと生麩の味噌マヨネーズ和え650円 3 三つ葉かずの子おじゃこの胡麻マヨネーズ和え650円

祇園で手ごろに楽しむ家庭の味

祇園白川の近くにある家庭的な雰囲気の店。女将が昔から家庭で作っていたおばんざいが中心で、しみじみとした味わいに心が和む。祇園にありながら価格帯がリーズナブルなのも嬉しい。日本酒飲み比べ3種（1100円）。

祇園
登希代

MAP P.27B-1
☎075-531-5771
所 京都市東山区大和大路通新橋上ル元吉町42 時 17:30〜22:00 休 不定休 交 京阪祇園四条駅から徒歩5分 P なし

1 お揚げの中に銀杏など9種の具が入った福宝770円 2 おばんざいの定番、にしんなす660円 3 鉄板で焼くだしまき550円

夜ロケーション

鴨川納涼床

名物のワケ
京の夏の風物詩である鴨川納涼床、趣のある町家や路地など、京都ならではのロケーションは宵とともにさらに雰囲気アップ。夜だけの京情緒に浸りたい。

夢か現かの夜景を美酒と佳肴が彩る

日が暮れたあとの京の街は、そこここにともる灯が「こちらへおいで」と手招きしているよう。5〜9月なら、この時季限定で川風に吹かれながら酒食を楽しめる鴨川納涼床がおすすめだ。また、町家や路地(ろおじ)といった風情あるロケーション、地元客に愛される酒場でも、夜ならではの京都時間を過ごすことができる。

鴨川のせせらぎを聞きながらワインやカクテルを楽しむ贅沢なひと時

京都鴨川倶楽部 きょうとかもがわくらぶ [河原町]
MAP P.72F-3　☎075-353-2258

元ゲストハウスの町家を利用したイタリア料理店。本場で修業したシェフの料理をワインと共に味わいたい。

所 京都市下京区木屋町通仏光寺上ル天王町151　時 18:00〜24:00　休 水曜　交 阪急京都河原町駅から徒歩3分　P なし

コース料理5000円〜、単品は前菜盛り合わせ3000円、春巻1500円など

東華菜館 本店 とうかさいかん ほんてん [河原町]
MAP P.72F-3　☎075-221-1147

大正時代の洋館を利用する北京料理専門店。120席を誇る広々とした川床席では店内と同じメニューを提供する。

所 京都市下京区西石垣通四条下ル斎藤町140-2　時 11:30〜21:30　休 無休　交 阪急京都河原町駅からすぐ　P なし

川床はテーブル席でカジュアルな雰囲気。居酒屋感覚で使えるのが好評

先斗町 百練 ぽんとちょう ひゃくれん [河原町]
MAP P.72F-2　☎075-255-4755

裏寺の人気居酒屋「百練」の姉妹店。名物の湯豆腐や赤チリトリ鍋、おばんざいのコース、単品を川床席で味わえる。

所 京都市中京区先斗町通三条下ル橋下町133-1 エメラルド会館1F　時 17:00〜LO22:30　休 無休　交 阪急三条駅から徒歩3分　P なし

路地

酒場

食べる京都 [夜ロケーション]

町家

カウンターのほか、坪庭を望む個室や2階席もあり、人数に合わせて利用できる

bar K家 別館　　河原町
MAP P.72E-2　☎075-255-5244

重厚な町家を利用したオーセンティックバー。季節のフルーツカクテル(950円〜)など、豊富なメニューを揃える。

所 京都市中京区麩屋町通三条上ル下白山町297　時 18:00〜翌2:00　休 水曜　交 地下鉄京都市役所前駅から徒歩3分　P なし

カウンターにはおばんざいがズラリ。人気の鍋は鶏と九条ネギ1980円

小鍋屋 いさきち　　祇園
MAP P.27C-1　☎075-531-8803

路地に佇む隠れ家のようなロケーションが人気。季節の食材を活かした、種類豊富な小鍋やおばんざいが揃っている。

所 京都市東山区祇園花見小路新橋西入巽小路入ル　時 18:00〜翌3:00　休 日曜、祝日　交 市バス祇園から徒歩4分　P なし

旬の味覚を盛り込んだディナーコースは全13品(1万7600円・サービス料別途)

MOTOï　　京都御所周辺
MAP P.51A-3　☎075-231-0709

日本庭園を備えた約100坪の邸宅をモダンにリノベート。洗練された空間で、創味あふれるフレンチのコースを提供。

所 京都市中京区富小路通二条下ル俵屋町186　時 12:00〜13:00、18:00〜20:00　休 水・木曜　交 地下鉄京都市役所前駅から徒歩5分　P なし

レトロカフェ

名物のワケ

京都の歴史とともに時を刻んできた喫茶店は、今も昔も京都人の憩いの場。惜しみなくつくり込まれた空間に流れる時間はどこかゆっくりと感じられる。

古き良き時代にタイムスリップ

1934（昭和9）年創業で、豪華客船をイメージした空間は国の登録有形文化財に指定。ドーム型の天井や壁を彩るステンドグラス、モナ・リザの複製画などが重厚な趣を醸す。多くの文化人がここで時を過ごし、京都や日本の文化、芸術の成熟を支えたサロン的な役割も果たしてきた。クラシック音楽が流れる空間で、往時に想いを馳せながら過ごしてみよう。

レアチーズケーキ 650円
名物のケーキはコーヒーとセットなら1250円

フランソア喫茶室
MAP P.72F-3　河原町
☎075-351-4042
所 京都市下京区西木屋町通四条下ル船頭町184
時 10:00〜22:30（LO22:00）
休 無休
交 阪急京都河原町駅からすぐ
P なし

食べる京都 [レトロカフェ]

ブルーに染まった幻想的な空間

店内を飾るステンドグラスや彫刻を、「女性がきれいに見える」ブルーライトが照らすノスタルジックな空間。調度品や器、メニューにもレトロな魅力が満載。

喫茶ソワレ
河原町
MAP P.72F-3
☎075-221-0351
所京都市下京区西木屋町通四条上ル真町95 時13:00〜LO18:45（ゼリーは売切れ次第終了）休月曜（祝日の場合は翌日休）交阪急京都河原町駅からすぐ Pなし

1 繁華街の中とは思えない静かさ 2 ショップカードもレトロで素敵

ゼリーポンチ
750円
レモン風味のソーダ水に宝石のようなゼリーやフルーツが浮かぶ

異国情緒漂う優雅な空間

80年以上前の創業当時から変わらないインテリアは、初代の店主がヨーロッパのイメージを形にしたもの。時を経てさらに魅力を増した空間を満喫して。

ウインナー珈琲
700円
上質な純生クリームを軽くホイップしてのせた名物コーヒー

築地
河原町
MAP P.72F-3
☎075-221-1053
所京都市中京区河原町四条上ル一筋目東入ル 時11:00〜18:00 休阪急京都河原町駅から徒歩2分 Pなし

マッチのパッケージまで歴史を感じさせるクラシカルなデザイン

手間をかけたメニューに感動

1932（昭和7）年の創業以来、ホットケーキやたまごサンドなどの喫茶メニューを丁寧に作り続けている。ランチタイムに2階で味わえる本格洋食も人気。

ホットケーキ
700円
鉄板で1枚ずつ焼き上げるため、ふっくらしっとりとした食感

スマート珈琲店
河原町
MAP P.72E-2
☎075-231-6547
所京都市中京区寺町通三条上ル天性寺前町537 時8:00〜19:00、2Fのランチは11:00〜14:30(LO) 休無休（ランチは火曜休）交地下鉄京都市役所前駅から徒歩2分 Pなし

コーヒー愛好家の厚い支持を受ける名店

京甘味

名物のワケ

老舗和菓子店が集まる京都は甘味もハイレベル。厳選素材で作られる甘味は、うっとりするほど繊細な味わいのものばかり。

琥珀流し 各660円
寒天は繊細な口当たりで、儚くほどけていく。蜜のすっきりとした甘さと相性抜群

ケーキのようにかわいいかざり羹

うめぞの茶房　西陣
MAP P.92E-1　☎075-432-5088

みたらし団子などで知られる甘味処の新名物は、その名もかざり羹。寒天とわらび粉を用いてなめらかな仕上がりに。常時8～10種類が揃う。

かざり羹 350円～
写真の紅茶のほか、レモンや季節限定のマンゴー、ブルーベリーなど

所 京都市北区紫野東藤ノ森町11-1　時 11:30～18:30(LO18:00)　休 不定休　交 市バス大徳寺前から徒歩5分　P なし

賞味期限わずか20分のわらび餅

茶寮宝泉（さりょうほうせん）　下鴨神社周辺
MAP 付録 裏C-2　☎075-712-1270

あずき処「宝泉堂」が手がける茶寮。注文を聞いてから15分かけて手作りするわらび餅はむっちり弾むような食感。

わらびもち 1300円
まずはそのまま味わい、わらび粉の素朴な風味を楽しんで

所 京都市左京区下鴨西高木町25　時 10:00～16:30(LO)　休 水・木曜　交 市バス下鴨東本町から徒歩3分　P 6台

食べる京都 [京甘味]

大極殿本舗六角店 甘味処 栖園
烏丸

MAP P.72D-2
☎ 075-221-3311
所 京都市中京区六角通高倉東入ル堀之上町120
時 10:00〜17:00(販売は9:30〜18:30)
休 水曜 **交** 地下鉄四条駅から徒歩7分 **P** なし

季節の味を映したなめらかな寒天

1885(明治18)年創業の和菓子店「大極殿本舗」に併設の甘味処。多くの人がこれを目当てに訪れる名物は、琥珀流し。みずみずしくなめらかな舌触りの寒天に、旬の素材を使った自家製の蜜をかけるのが特徴だ。蜜の味は月替わりで、3月は甘酒、7月はペパーミント、10月は栗…などと季節感を感じさせてくれる。

わらび餅のきめ細かい食感にうっとり
遊形 サロン・ド・テ
河原町

MAP P.72E-1 ☎ 075-212-8883

世界に名を馳せる高級旅館「俵屋」直営のサロン。本わらび粉を使ったわらび餅は、赤ちゃんのほっぺのようにやわらかく心地いい弾力がある。

わらび餅(煎茶つき)
2050円

九州産わらび粉と染井の名水で作り、仕上げにたっぷりときな粉を

所 京都市中京区中白山町288-14
時 11:00〜18:00(LO) **休** 火曜 **交** 地下鉄京都市役所前駅から徒歩2分 **P** なし

5種のシロップをお好みでかけて
二條若狭屋 寺町店
河原町

MAP P.51B-3 ☎ 075-256-2280

100年以上続く京菓子店の姉妹店。通年味わえるかき氷は、手で丁寧にかいたふわふわの氷に5色のシロップを自分でかけて味わうスタイル。

彩雲
1540円

左から、甘酒、キウイ、スイカ、オレンジ、べっこう飴(季節により替わる)

所 京都市中京区寺町二条下ル榎木町67 **時** 10:00〜17:00 **休** 水曜 **交** 地下鉄京都市役所前駅から徒歩5分 **P** なし

モーニング

名物のワケ

旅先での朝食はいつもよりおいしく感じられるもの。それが京都らしい食材やロケーションならなおさらのこと。早起きしてお目当ての店を目指そう。

土鍋炊きのご飯と野菜で体が目覚める

甘みのある自家栽培の米と、丹後の食材を使った野菜料理などを堪能。
※2020年7月頃よりメニュー変更の可能性あり。詳細はHP（http://tan.kyoto.jp/）で確認を。

丹 tan 南禅寺周辺
MAP P.50D-3
☎ 075-533-7744
所 京都市東山区五軒町106-13 時 8:00〜・9:00〜の二部制 休 月曜（祝日の場合は翌日）交 地下鉄東山駅からすぐ P なし

朝ごはん 2500円
⏱ 8:00〜・9:00〜二部制
和の朝食を提供。※写真はイメージ。料金、時間などは変更になる場合あり

[1] 好天時は広くとった入口を開放
[2] 白川沿いの静かな立地

モーニングセット 680円
⏱ 7:30〜12:00
パンをサラダやゆで玉子と好きなように組み合わせて食べるのも楽しいセット

写真映え確実な名物トースト 下鴨神社周辺
COFFEE HOUSE maki
（コーヒー ハウス マキ）
MAP 付録 裏 C-2
☎ 075-222-2460
出町柳で長年続く自家焙煎コーヒーが人気の喫茶店。バタートーストをくりぬいたモーニングが女性客に大好評。
所 京都市上京区河原町今出川上ル青龍町211 時 7:30〜18:00 休 無休 交 京阪出町柳駅から徒歩5分 P 4台

京の朝食 1480円
⏱ 7:00〜10:30（LO）
バターたっぷりのクロワッサンは、オリジナルのコーヒーとの相性も抜群

名喫茶の技が光る豪華な洋朝食 烏丸
イノダコーヒ本店
（ほん てん）
MAP P.72D-2
☎ 075-221-0507
京都を代表する名喫茶は朝食もスペシャル。厚切りハムや卵料理のワンプレートに自慢のコーヒーなどが付く。
所 京都市中京区堺町通三条下ル道祐町140 時 7:00〜19:00 休 無休 交 地下鉄烏丸御池駅から徒歩5分 P 提携駐車場あり

朝食 2750円
⏱ 7:30〜13:30（LO）
向付の汲み上げ湯葉のあと炊き立ての土鍋ごはん、汁物、丸干し、漬物が出る

コース形式で心づくしの朝食を 祇園
朝食 喜心 kyoto
（ちょうしょく き しん キョウト）
MAP P.27C-1
☎ 075-525-8500
土鍋炊きのご飯と、3種類から選べる汁物がメイン。品数を絞り込み、素材の吟味と調理に心を配っている。
所 京都市東山区小町町555 時 7:30〜LO13:30 ※要予約 休 木曜（イベント開催日を除く）交 京阪祇園四条駅から徒歩5分 P なし

AREA GUIDE

金閣寺
北野天満宮

周辺スポットへの
アクセス

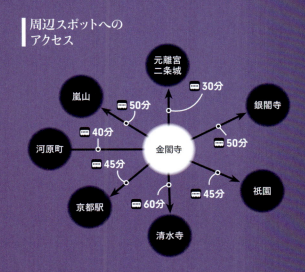

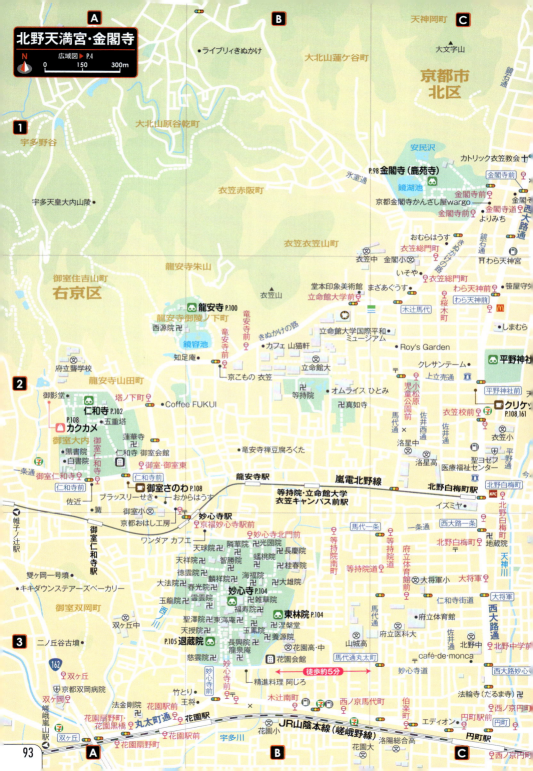

【エリア別】こんなところ！
金閣寺（きんかくじ）～北野天満宮（きたのてんまんぐう）

路地裏に普段着の京都

金閣寺・龍安寺・仁和寺と世界遺産が3つも並び、近くには学問の神様・北野天満宮もある定番観光エリア。一方で、大通りから一歩入ると上七軒の花街に迷い込んだり、西陣の機織りの音が町家から聞こえてきたり。さらに、鞍馬口通まで足を延ばすと朝風呂が体験できるレトロ銭湯もある。マストで行きたいスポットが多いけれど、1つか2つに絞って、その周辺をちょっと歩いてみるのもいい。飾らない京都の日常に出合えるはずだ。

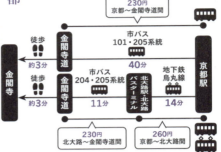

徒歩約3分	金閣寺道	市バス101・205系統 40分		230円 京都～金閣寺道間
徒歩約3分	金閣寺道	市バス204・205系統 11分	北大路駅・北大路バスターミナル	地下鉄烏丸線 14分
		230円 北大路～金閣寺道間	260円 京都～北大路間	京都駅

金閣寺

味わい深いスポットがまだまだ
【こんな楽しみ方もあります】

住職に教わる精進料理教室
お寺で精進料理教室を開催しているのが、妙心寺塔頭の東林院（→P.104）。自分で作っておいしくいただこう。

京都最古の花街へ
北野天満宮のそばに広がる上七軒（→P.107）は、京都五花街で最古の花街。上七軒歌舞練場では芸舞妓さんが接待するビアガーデンが催され、カジュアルに花街の空気を味わえる。

毎月25日は"天神さん"
北野天満宮（→P.106）に行くなら25日の午前中が狙い目。古道具や食品など約300店が出る門前市"天神さん"で掘り出し物をゲットしよう。

船岡温泉で朝風呂タイム
日曜は朝8時から営業する創業約100年の銭湯（→P.107）。日本初の電気風呂で朝の元気をチャージ！

見どころの多いエリアだから…
【上手に巡るヒント！】

1　世界遺産は優先順位をつけて巡ろう
金閣寺、仁和寺、龍安寺と世界遺産が集まるエリア。それぞれの周辺にも見どころが多いので、時間に余裕をもって回ろう。必ず行きたい寺を中心にスケジュールを組んで。

2　きぬかけの路はタクシーやバスも利用しよう
3つの世界遺産を結ぶ約2.5kmの「きぬかけの路」。金閣寺～龍安寺は徒歩約18分、龍安寺～仁和寺は約11分。時間と体力節約のために59系統のバスやタクシーを使うのも手だ。

3　西陣の街並みで京都の暮らしを感じよう
北野天満宮の周辺、「西陣」には今なお西陣織屋や長屋が残り、昔ながらの生活が営まれている。観光名所ではない路地などを気の向くままにのんびり散策するのも面白い。

混雑必至のエリアをスムーズに移動
【交通案内】

徒歩
仁和寺～龍安寺～金閣寺はきぬかけの路沿いに歩ける。そこから南下して平野神社や北野天満宮を回るのも◎。

京都市バス
「金閣寺」行きは混むため、御室方面（仁和寺）から攻めるのも手。きぬかけの路を通る59系統が便利。

嵐電
北野白梅町から嵐電を使えば、妙心寺、仁和寺、さらに嵐山までの移動も。民家の間を通る車窓風景も楽しい。

哲学的な庭に見とれる
2 龍安寺

白砂に15個の自然石が配された枯山水の方丈庭園が有名。どの位置からもすべての石を見ることはできないよう配置され、「不完全である自分自身を見つめ直す」という意味が込められているという説も。

BEST 絶景

▶P.100

贅を尽くした楼閣
1 金閣寺（鹿苑寺）

足利義満が山荘として建立した、北山文化を代表する絢爛豪華な楼閣。寝殿造り・武家様式・禅宗様式の三層から成る金閣（舎利殿）が鏡湖池に映る「逆さ金閣」も美しい。新緑、紅葉、雪景色などの季節も絶景。

BEST 絶景

▶P.98

鹿苑寺蔵

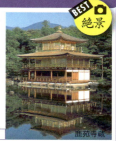

！ご注意を

毎月25日は混雑！
北野天満宮（P.106）で天神さんが開催される毎月25日は、このエリアへ向かう市バスも混雑。朝早くから人が集まるので、時間に余裕をもって訪ねよう。

市バスも車も走るきぬかけの路
世界遺産をつなぐきぬかけの路は、市バスはもちろん、地元の人の車も多く、交通量が多い。決して歩道も広くはないので、歩くときは気を付けて。

雪の日は金閣寺が大にぎわい
雪の日は観光客が少ないと思いきや、雪化粧した姿を見ようと多くの人が訪れるため、いつも以上の混雑に。タイミングが合えば、足元に注意して訪ねたい。

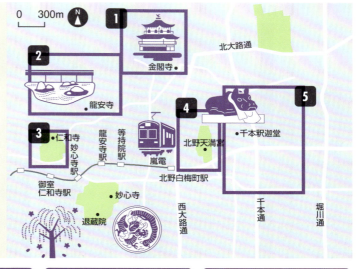

普段の京都に出合える
5 西陣

築100年を超える町家がひしめく西陣。今も路地では機織りの音が聞こえ、普段の京都の生活にふれられる。一方で町家を活かしたカフェやゲストハウスも多く、伝統と新しい文化が融合する界隈でもある。

絶景ナビ　船岡温泉　▶P.107
絶景ナビ　千本釈迦堂　▶P.107

三光門が迎える学問の神様
4 北野天満宮

学問の神様として信仰され、毎月25日の天神さんは朝早くから地元客や観光客でにぎわう。日・月・星を祀った「三光門」や、撫でた身体の部分が良くなる撫で牛など、境内には見どころがたっぷり。

▶P.106

絶景ナビ　平野神社　▶P.107
絶景ナビ　上七軒　▶P.107

そこはまるで桜の海
3 仁和寺

4月中旬に見頃を迎える遅咲きの「御室桜」が有名。ソメイヨシノやしだれ桜など約200本が植えられ、地を這うような背丈の低さが特徴。五重塔や二王門などの建造物とともに、江戸期から愛されてきた風景だ。

▶P.102

絶景ナビ　妙心寺　▶P.104
絶景ナビ　東林院　▶P.104
絶景ナビ　退蔵院　▶P.105

このまま巡れる！歩ける！
門前グルメや京都最古の花街も満喫
きぬかけの路沿いの世界遺産ハシゴコース

半日コース 公共交通機関で

絶景ナビ 金閣寺〜龍安寺〜仁和寺〜北野天満宮〜上七軒

きぬかけの路沿いに世界遺産が点在するゴールデンエリア。基本は徒歩での移動となるが、ローカルな嵐電を利用するのも楽しい。

START

12:00 複数の系統が停車する
市バス金閣寺道

金閣寺の最寄停留所は「金閣寺前」だが、西大路通の「金閣寺道」の方が停車する市バスの系統が多い。こちらからスタートするのがスムーズだ。

↓ 徒歩5分

12:10 豪華絢爛な姿にうっとり
金閣寺（鹿苑寺） 絶景ナビ

足利義満の山荘として建てられた、北山文化を代表する金閣寺。光を受けてキラキラ輝くゴージャスな姿はもちろん、池の水面に映り込む「逆さ金閣」も必見。

鹿苑寺蔵　▶P.98

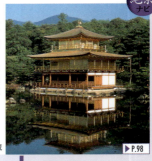

↓ 徒歩5分

13:00 世界遺産をつなぐ観光ロード
きぬかけの路

金閣寺、龍安寺、仁和寺と、3つの世界遺産がこの道沿いに立つ。かつて宇多天皇が真夏に雪見をしようと、山に絹をかけたという故事から名前が付いたとか。

↓ 徒歩15分

13:15 庭を通して自己を見つめる
龍安寺 絶景ナビ

作者不明で謎に包まれた石庭。その解釈には諸説あり、自分なりの答えを探してみたい。

▶P.100

↓ 徒歩10分

14:15 皇族に関係の深い桜の寺
仁和寺 絶景ナビ

広大な境内には御所風建築物などが立ち、見どころたっぷり。遅咲きの御室桜でも有名だ。

▶P.102

↓ 嵐電5分

15:30 つきたてのやわらか粟餅
粟餅所・澤屋

北野天満宮の門前で休憩。名物の粟餅はすべて店内でつきたて。手作りのあんと香ばしいきな粉の2種類が楽しめる。粟餅はおみやげとして持ち帰りもOK。

▶P.108

↓ 徒歩すぐ

街歩きナビ

きぬかけの路に沿って、世界遺産が連なるこのエリア。いちばん北に位置する金閣寺から、石庭が有名な龍安寺、遅咲きの御室桜で知られる仁和寺と、道なりに巡っていこう。きぬかけの路を歩くのもいいが、バスやタクシーを利用するのも一つの手。体力や時間に合わせて移動手段を選ぼう。

観光客にも人気の嵐電に乗って北野天満宮に移動したら、門前の茶屋で一服。名物の粟餅で小腹を満たして、菅原道真公を祀る北野天満宮へ。毎月25日には天神市が開催されるので、日程が合えばぜひ訪ねたい。京都最古の花街・上七軒をのんびり散策したあとは、元銭湯の建物を利用した人気カフェで夕食を。

金閣寺〜北野天満宮 [エリアコース]

+1時間

圧巻! 大迫力の雲龍図
妙心寺
法堂天井には狩野探幽作の雲龍図が。見る角度によって龍の動きが変化。

仏殿北にある法堂は、妙心寺でも最大の建築物　▶P.104

or

見応えのある2つの庭園
退蔵院
季節で表情を変える池泉回遊式の余香苑。春は紅しだれ桜が枝を伸ばし、優雅な雰囲気。

紅枝垂れ桜をイメージしたオーガニックの桜石鹸400円　▶P.105

or

趣あるレトロな建物は必見
船岡温泉
透かし彫りの欄間をはじめ、豪華絢爛な建物に誰もが釘付け。

内装にはカラフルなマジョリカタイルを使用　▶P.107

16:15 撫牛が待つ学問の神様
北野天満宮
合格祈願のために受験生やその家族が押し寄せる。参拝に訪れたら、境内に祀られる撫牛を撫でてみよう。

▶P.106

👣 徒歩すぐ

17:00 京風情あふれる花街へ
上七軒
北野天満宮の東側に広がる花街「上七軒」は、京都に5つある花街の中でもっとも歴史がある。通り沿いには趣ある町家が立ち並び、京都らしい景観が広がる。

▶P.107

👣 徒歩20分

18:00 銭湯を改装したレトロカフェ
さらさ西陣
地元の人に愛された銭湯が、当時の雰囲気そのままにおしゃれなカフェに。フードやスイーツ、アルコールなども充実していて使い勝手が良い。

▶P.108

👣 徒歩5分

GOAL 市バス大徳寺前

京都名所ナビ 絶景

1 絶景ナビ

金閣寺(鹿苑寺)

MAP P.93C-1 ☎075-461-0013

1397(応永4)年、足利義満が山荘として建立。金閣(舎利殿)は寝殿造り、武家様式、禅宗様式の三層。放火で焼失後、昭和30年再建。

所 京都市北区金閣寺町1 時9:00〜17:00 料400円 休無休 交市バス金閣寺道から徒歩3分 P 250台

Bestシーズン 冬の雪景色(12月〜2月)

鹿苑寺蔵

98

info 拝観前に知っておきたい ちょっとツウな限定情報

▶年2回だけ公開される秘仏がある！
不動堂には弘法大師作と伝わる不動明王が秘仏として祀られ、2月3日と8月16日のみ特別開帳。上半身や目の病気にご利益があるとされる。

▶誰でも体験できる3つの写経がある！
庫裏では9時から16時まで写経体験が可能。「四弘誓願文」「延命十句観音経」「般若心経」の3種あり、所要10〜60分、1枚1000円。

北山文化を代表する絢爛豪華な金の楼閣

金閣寺〜北野天満宮［絶景名所ナビ］

神の心を感じる庭で自己を見つめる

金閣寺〜北野天満宮［絶景名所ナビ］

どうやって眺める？
15個の石を配した謎多き石庭

造られた年代も作者も不明という、謎の多い方丈庭園（石庭）。白砂の海に15個の石が浮かび、まるで無限の世界を表しているようだ。無心で見つめ、作者の思惑を想像してみよう。

\ CHECK ❶ /
石庭の見方を確認しよう

縁側の中央から全体を眺めたら、左手の主石から順番に右へと15個の石を見てみよう。主石を源流に、ゆったり流れる水を想像しよう。

\ CHECK ❷ /
諸説さまざま、石庭の解釈

謎の多い石庭は解釈も実にさまざま。数字か漢字か…決定的な答えはないので、あなたの解釈で楽しんで！

解釈 1 縁起の良い"七五三の庭"！？

主石から見て7・5・3個の石が配されていることから、縁起の良い七五三に基づいたといわれる。

解釈 2 石が描き出す"心"の文字

石をなぞると「心」になるという説。日本庭園では心をモチーフにした「心字池」がよく見られる。

3 絶景ナビ 金閣寺周辺
仁和寺(にんなじ)

MAP P.93A-2 ☎075-461-1155

888(仁和4)年創建の真言宗御室派総本山。境内には五重塔や二王門など江戸期建立の建造物が並ぶ。同時期に植えられた御室桜が有名。

所 京都市右京区御室大内33 時 9:00～16:30(12～2月は～16:00) 料 御殿500円 休 無休 交 市バス御室仁和寺から徒歩1分 P 100台(有料)

Bestシーズン　桜(4月中旬)

江戸の頃から愛された遅咲きの桜の名所

info 背丈が低い"御室桜"は京都で一番遅咲き

ソメイヨシノやしだれ桜など約200本の桜が咲く仁和寺。中門内の西側には「御室桜」と呼ばれる桜があり、4月中旬に満開となる。

背丈の低さも特徴。この付近が粘土質で根を地中に伸ばせないためとされる。

桜だけじゃない！
名建築に仏像も 仁和寺は国宝の宝庫

皇族との関係も深い仁和寺。広大な境内には、美しい御所風建築物や国宝指定の仏像など見どころが満載。

【建築】

重文 二王門（におうもん）

高さ18.7mで入母屋造、本瓦葺。平安時代の伝統を受け継ぐ和様の門で、正面左右には阿吽の二王像を安置。

宸殿（しんでん）

御所の紫宸殿と同じく、檜皮葺、入母屋造。内部は三室からなり、原在泉による襖絵や壁画が飾られている。

国宝 金堂（こんどう）

京都御所の紫宸殿を移築したもので、現存する最古の紫宸殿の遺構。堂内には四天王像や梵天像を安置している。

重文 五重塔（ごじゅうのとう）

1644（寛永21）年建立。総高36.18m。内部には大日如来を安置。各層の幅にあまり差が見られないのが特徴。

【仏像】

国宝 阿弥陀如来坐像

創建当時の本尊で、現在は霊宝館に安置。一木造でやわらかな雰囲気に包まれている。春・秋の名宝展で公開。

【絵画】

国宝 孔雀明王像

明王が孔雀に坐した姿を表す。重層的な背景や、緻密な描写などを特徴とする宋仏画の名品。

2時間で巡れるお遍路 OMURO88

御室八十八ヵ所霊場の整備計画に伴い、名称をOMURO88に変更。約3kmの巡拝コースは徒歩約2時間。多彩なイベントも開催される。

4 妙心寺 (みょうしんじ)

絶景ナビ / 金閣寺周辺

MAP P.93B-3 ☎075-466-5381

1337（建武4）年、花園法皇が離宮を禅寺に改め創建。法堂には狩野探幽の筆による有名な天井画がある。国宝の梵鐘は日本最古。

所京都市右京区花園妙心寺町1 時境内自由、法堂・大庫裏は9:10〜11:50、12:30、13:00〜16:40（11〜2月は13:00〜15:40）の20分毎にガイド案内あり 料拝観700円 休無休 交嵐電妙心寺駅から徒歩3分 P80台

Bestシーズン 通年

探幽法眼守信筆

info 46の塔頭寺院が集まる日本最大の禅寺

臨済宗妙心寺派全国3400寺院の大本山とあって、塔頭の数は46と日本最大。退蔵院などが有名。

■ 精進料理の体験も

毎週火・金曜開催の精進料理教室（1名3600円）に参加してみた！

❶ 先生はお寺の住職

精進料理の本も執筆する西川玄房和尚が自らほどく。

❷ みんなで協力して調理

作業は分担して効率よく。和尚が手本を示してくれる。

❸ 完成品をいただきます

作るのは2〜3品。ほかに住職手作りの数品を加えてお膳が完成。

宿坊にも泊まれます

1泊2食の精進料理付き6600円とリーズナブル。冷暖房完備！

5 東林院 (とうりんいん)

絶景ナビ / 金閣寺周辺

MAP P.93B-3 ☎075-463-1334

妙心寺塔頭。沙羅双樹の寺としても有名。通常非公開だが、6月の「沙羅の花を愛でる会」や1月の「小豆粥で初春を祝う会」など催し多数。

所京都市右京区花園妙心寺町59 時休通常非公開 交市バス妙心寺前から徒歩6分 Pなし

Bestシーズン 沙羅双樹（6月）

春

夏

金閣寺〜北野天満宮[絶景名所ナビ]

絶景ナビ

6 退蔵院(たいぞういん)

金閣寺周辺

MAP P.93B-3 ☎075-463-2855

妙心寺塔頭。狩野元信作と伝わる枯山水庭園や、四季折々の花で彩られた昭和期作の池泉回遊式・余香苑は必見。国宝「瓢鮎図」を所有。

所 京都市右京区花園妙心寺町35　時 9:00〜17:00（茶席は9:30〜16:30）　料 600円　休 無休　交 市バス妙心寺前から徒歩3分　P 30台（花園会館駐車場も利用可）

Bestシーズン	通年

春夏秋冬の花が彩る妙心寺屈指の古刹

抹茶500円。退蔵院限定の「是什麼」(これなんぞ)付き。

秋

冬

105

info 毎月25日のお楽しみ 御縁日「天神市」

菅原道真公の御誕生と御命日にちなみ開かれる、通称「天神さん」の日。朝6時頃から始まり、掘り出し物を探すなら昼頃まで。

菅公への敬愛が今なお継がれる古社

7 絶景ナビ

北野天満宮

北野天満宮 (きたのてんまんぐう)

MAP P.92D-2 ☎075-461-0005

947(天暦元)年創建、菅原道真公を祀る全国天満宮の総本社。学問の神様として信仰される。白梅や紅梅が咲く梅苑は京都随一の景勝地。

所 京都市上京区馬喰町 時 4月～9月5:00～18:00、10月～3月5:30～17:30 料 境内自由 休 無休 交 市バス北野天満宮前から徒歩1分 P 300台

Bestシーズン　梅(2～3月)

史跡御土居のもみじ苑
境内西側には自然林が残り、秋には約350本の紅葉が楽しめる

撫牛 (なでうし)
境内に十数頭祀られる。撫でた身体の部分がよくなる

御本殿 (ごほんでん)
八棟造で国宝。豊臣秀頼公の造営で、安土・桃山文化の代表的社殿

三光門 (さんこうもん)
楼門と拝殿の間に立つ中門。三光とは日、月、星の意味

見どころたっぷり 天神さん境内めぐり

夜空の北極星を上部にいただく三光門や、特色ある造りの御本殿。天神市や梅花祭といった行事だけでなく、伝説や謎も多い境内をじっくり見て歩こう。

106

絶景ナビ 8 船岡温泉 西陣
MAP P.92E-1 ☎075-441-3735

1923（大正12）年に料理旅館「船岡楼」の付属浴場として営業開始以来、変わらぬ趣を残す銭湯。日本で初めて電気風呂を導入。

所 京都市北区紫野南舟岡町82-1 時 15:00〜翌1:00 休 無休 料 450円 交 市バス千本鞍馬口から徒歩3分 P 9台

info 日曜限定！8時から朝風呂

銭湯は通常午後からの営業だが、京都では日曜に「朝風呂」を楽しめる銭湯が多い。ここ船岡温泉も日曜は午前8時から営業。ひとっ風呂浴びて、同じ鞍馬口通りのカフェや和菓子店を巡ってみるのもいいだろう。

1 脱衣所天井には天狗と牛若丸の彫刻が施されている 2 葵祭などの様子が彫られた欄干がぐるりと囲む

絶景ナビ 10 平野神社 北野天満宮周辺
MAP P.93C-2 ☎075-461-4450

江戸時代から「平野の夜桜」と名高い。平野妹背、寝覚桜など約60種類400本の桜が境内を埋め尽くす。

所 京都市北区平野宮本町1 時 6:00〜17:00 休 無休 料 境内無料 交 市バス衣笠校前から徒歩3分 P 17台

絶景ナビ 9 千本釈迦堂（大報恩寺） 西陣
MAP P.92D-2 ☎075-461-5973

本堂（国宝）は京都市内最古の木造建造物。本尊釈迦如来坐像、十大弟子像など展示。おかめ発祥の地。

所 京都市上京区今出川七本松上ル 時 9:00〜17:00 休 無休 料 600円 交 市バス上七軒から徒歩3分 P 10台

絶景ナビ 12 今宮神社 大徳寺周辺
MAP P.92D-1 ☎075-491-0082

疫病鎮静を祈り創建。神占石「阿呆賢さん」を撫でて軽くなれば願いが叶うとされる。

所 京都市北区紫野今宮町21 料 境内自由 休 無休 交 市バス今宮神社前からすぐ P 44台（有料）

info 玉の輿に乗れる!? ユニークなお守り

実は玉の輿祈願の神社としても有名。玉の輿お守はぜひ受けよう。

絶景ナビ 11 上七軒 北野天満宮周辺
MAP P.92D-2

京都五花街の中で最古。室町時代に北野天満宮の造営に使った残木で7軒の茶屋を造ったことに始まる。

交 市バス上七軒からすぐ

info 楽しみいろいろ 上七軒歌舞練場

春の「北野をどり」や秋の「寿会」といった踊りだけでなく、夏のビアガーデンなど気軽に行ける催しもある。

金閣寺〜北野天満宮［絶景名所ナビ］

金閣寺周辺 立ち寄りガイド

蕎麦屋 にこら
MAP P.92E-2　☎075-431-7567

モダンな町家で料理と蕎麦を。農家直送の新そばはその日使う分だけ製粉して打つ。おろしそば 1210 円。

所 京都市上京区五辻町69-3　時 11:30～14:30、17:30～21:00　休 水曜、第1・3火曜　交 市バス今出川浄福寺から徒歩3分　P 2台

キッチンパパ
MAP P.92D-2　☎075-441-4119

老舗米店が営む洋食店。ハンバーグ＆エビフライ 1280 円（ランチ料金）など。精米したてのご飯はお代わり無料！

所 京都市上京区上立売通千本東入姥ヶ西町591　時 11:00～LO14:00、17:30～LO20:50　休 木曜　交 市バス千本上立売からすぐ　P なし

クリケット
MAP P.93C-2
☎075-461-3000

京都中央卸市場を営む店主が手がけるフルーツパーラー。見た目も美しいフルーツサンド 1200 円に感動！

所 京都市北区平野八丁柳町68-1 サニーハイム金閣寺1F　時 10:00～18:00　休 火曜不定休　交 市バス衣笠校前から徒歩2分　P なし

さらさ西陣
MAP P.92E-1
☎075-432-5075

築80年以上の銭湯がカフェに。当時の趣そのままの空間をのんびり味わおう。さらさパフェ 880 円。

所 京都市北区紫野東藤ノ森町11-1　時 12:00～22:00　休 不定休　交 市バス大徳寺前から徒歩5分　P 2台

喫茶静香
MAP P.92D-2
☎075-461-5323

昭和12年創業の喫茶店。味わい深い空間で、大人気のフルーツサンド 700 円を。ホットコーヒー 420 円。

所 京都市上京区今出川通千本西入ル南上善寺町164　時 9:30～17:30　休 水曜（25日の場合は営業）、不定休あり　交 市バス千本今出川からすぐ　P なし

御室さのわ
MAP P.93A-2
☎075-461-9077

和の空間で、丁寧に淹れられた種類豊富な日本茶を楽しめる。オーストリアの焼菓子さのわ 350 円もぜひ。

所 京都市右京区御室堅町25-2　時 10:00～17:30　休 月曜　交 嵐電御室仁和寺駅から徒歩5分　P 1台

カクカメ
MAP P.93A-2
☎075-462-7008

がまぐち職人のコニシミキさんが手がけるがまぐち雑貨の店。財布やポーチは柄もデザインもさまざま。

所 京都市右京区宇多野北ノ院町14　時 12:00～17:00（日曜は教室後、営業）　休 月～木曜、不定休あり　交 市バス御室仁和寺から徒歩7分　P なし

粟餅所・澤屋
MAP P.92D-2
☎075-461-4517

店内でつきたての粟餅に風味豊かなあんと香ばしいきな粉をまぶした粟餅は3個500円。

所 京都市上京区北野天満宮前西入ル南側　時 9:00～17:00（売り切れ次第終了）　休 木曜、毎月26日　交 市バス北野天満宮前からすぐ　P なし

京町家茶房 宗禅
MAP P.92E-2
☎075-417-6670

あられの専門店が営む茶房。お店のこだわりお菓子が15層になったパフェ・ひとえふたえ 935 円。

所 京都市上京区寺之内浄福寺東角中猪熊町310-2　時 10:00～18:00（茶房は2020年6月現在休業中）　休 月・火曜　交 市バス今出川浄福寺から徒歩5分　P 2台

CAFE1001
MAP P.92E-3
☎非公開

町家ブックカフェ。チョコミントタルト 600 円をはじめ、爽やかなチョコミントメニューが多数。

所 京都市上京区泰童町288　時 11:30～17:00（LO16:30）　休 不定休　交 市バス千本中立売から徒歩5分　P なし

108

京都の技 3

名物名品

唐紙(からかみ)

シンプルな仕事を重ねる淡く光る優美な紙

封筒付き二つ折りカード 1000円〜
便箋セット 1500円〜

幾何学をモチーフにしたものなど、古来の唐紙にない斬新なデザインも

ポチ袋大 1200円

一万円札も折らずに入れられるサイズ。手の平サイズのポチ袋小もある

封筒付き二つ折りカード 1000円〜

キラキラと輝く光沢感が贅沢。特別な日に使いたい、とっておきのカード

唐紙とはその名の通り中国・唐発祥の細工紙。平安時代に遣唐使によって伝来し、京都では越前(えちぜん)手漉(てすき)和紙や黒谷(くろたに)和紙などが用いられたという。版木にさまざまな文様を彫り、雲母(きら)などの顔料を用いて、一枚一枚手摺りで文様を写し取る唐紙。雲母とは花崗岩の結晶を粉末にしたもので、光を反射させて上品な輝きを放つ効果がある。その美しさから、かつては上流貴族の間で手紙や詩歌を書く際に使われていたが、近世は寺社や茶室、住居などの襖障子、現代は便箋などの文房具にも用いられるようになった。

「印刷を古典技術でやっているんですよ」と話すのは、唐紙工房「かみ添」の嘉戸(かど)浩さん。色作りも摺りもシンプルな作業であるからこそ、和紙の素材や厚さ、和紙と絵の具の相性、バランス、手の動かし方など、一つ一つの違いが摺ったときに表情となって現れるという。元デザイナーという経歴をもつ嘉戸さん。その感性を取り入れた独自のデザインにも注目したい。

購入は専門店で

西陣

かみ添(そえ)

MAP P.92E-1 ☎075-432-8555

所 京都市北区紫野東藤ノ森町11-1
時 12:00〜18:00 休 月曜、不定休あり 交 市バス大徳寺前から徒歩5分 P なし

旅 ×茶道

story & history

歴史×物語　食×物語

この旅をもっと知る "絶景の物語"

いざ茶の湯の聖地へ

美術工芸や庭園、建築にも通じ、日本文化の総合芸術ともいわれる茶道。京都の美学の神髄がここにある。

酒飯論絵巻(部分)江戸時代
(左)石臼で茶を碾く
(下)釜の湯を沸かす

写真提供／茶道資料館

日本人の心をつかむ「茶の湯」とは?

「わび」の美意識を生んだ茶の湯。奈良〜平安時代に遣唐使が中国から持ち帰った茶は、当初は薬として重宝されていた。鎌倉時代に栄西が抹茶法を伝え、室町時代に大徳寺の一休宗純に禅の精神を学んだ村田珠光が茶の湯を始めた。その後、千利休が簡素な空間と茶器でもてなす「わび茶」を大成。

茶道は建築や庭園、工芸などとつながることから、日本文化の総合芸術ともいわれる。

千利休(1522-1591)。「天下一の茶の湯者」と称される。

写真提供／堺市博物館

京都に点在する千利休ゆかりの場所

利休は大徳寺に帰依したことから、塔頭の聚光院に墓所が建てられた。「閑隠席」「昨夢軒」など茶人ゆかりの茶室も残る。利休は豊臣秀吉の茶頭として活躍していたが、1589年に大徳寺の山門上層を増築する際、自分の木像を楼上に安置したことで「人を踏みつける」と秀吉の逆鱗にふれ、自害。利休の首は一条戻橋でさらされた。

このほか、晴明神社は利休の屋敷があった場所とされる。

豊臣秀吉が激怒!? 利休が使った黒茶碗

高価な道具ではなく、素朴な美しさを大切にした利休。中国の三彩陶の技術を持った長次郎に、轆轤を使わない手づくねの樂茶碗を作らせた。黒に紋様もまとわない黒樂茶碗を好んだ利休に対し、黒を陰気な色だと嫌い派手な赤い樂茶碗を好んだ秀吉。こうして利休と秀吉の溝が深まったとされる。

樂美術館
らくびじゅつかん
MAP P.92F-3 ☎075-414-0304
所 京都市上京区油小路通一条下ル
時 10:00〜16:30
休 月曜(祝日の場合は開館)、展示替え期間
料 展覧会により異なる
交 市バス堀川中立売から徒歩3分
P 4台

3代道入 黒樂茶碗 銘 青山

茶の湯の世界を気軽にのぞいてみよう

「敷居が高い」と思われがちな茶道だが、裏千家センター内にある「茶道資料館」では茶の湯について気軽に学ぶことができる。茶碗などの茶道具や美術工芸品を中心に展示している。

展覧会期間中は無料で呈茶があり、抹茶と和菓子が楽しめる

茶道資料館
ちゃどうしりょうかん
MAP P.92F-2 ☎075-431-6474
所 京都市上京区堀川通寺之内上ル寺之内竪町682 裏千家センター内
時 9:30〜16:30(入館・呈茶は〜16:00)
休 展覧会スケジュールはHPにて要確認
料 特別展1000円、通常展700円
交 市バス堀川寺ノ内から徒歩3分
P 3台

AREA GUIDE

嵐山

周辺スポットへの
アクセス

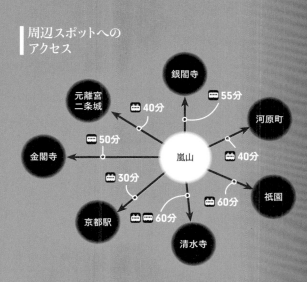

こんなところ！【エリア別】

嵐山（あらしやま）

自然が織り成す美に感動

千年の時を超えて親しまれてきた景勝地、嵐山とその奥に広がる嵯峨野エリアには、世界遺産の天龍寺をはじめ、縁むすびのご利益で有名な野宮神社、観月名所の大覚寺など見どころが点在している。また、小倉百人一首が編纂された地であり、四季を通して美しく豊かな自然に包まれる。その自然美と対峙できるトロッコ列車や保津川下りといった乗り物からグルメスポットまで、多様な楽しみが揃うことも魅力だ。

風情を楽しみつつのんびり移動【交通案内】

徒歩
バスが走る区間もあるが、趣深いスポットが点在するので、自然を感じながら徒歩でゆっくりと巡ろう。

嵐電嵐山線
一部路面区間があり、ノスタルジックな電車の旅が楽しめる。天龍寺や渡月橋から一番近い駅が嵐電嵐山駅。

JR嵯峨野線
旅の起点・京都駅から一番早くアクセスできる。嵯峨嵐山駅からはトロッコに乗り換えても楽しい。

交通図
- 240円 京都〜嵯峨嵐山間
- 嵯峨嵐山駅 — JR嵯峨野線 16分 — 京都駅
- 徒歩12分 → 天龍寺
- 嵐山天龍寺前 すぐ 徒歩
- 市バス28系統 45分
- 230円 京都〜嵐山天龍寺前間

見どころも多いエリアだから…【上手に巡るヒント！】

1 渡月橋＆竹林の道は朝イチで！
屈指の人気観光地なので、渡月橋や竹林の道は人がいっぱい！陽の光に映え、空気が澄み渡る朝がイチオシ。

2 人力車やトロッコ列車も活用しよう
雄大な自然を満喫できるトロッコ列車や、嵐山を熟知した俥夫が案内してくれる人力車は、歩くのとは異なる景色が新鮮。

---

2 竹林の道（ちくりんのみち）
葉ずれの音が心地いい
絶景ナビ：野宮神社 ▶P.122／大河内山荘庭園 ▶P.121／常寂光寺 ▶P.121

BEST絶景
緑が一面に広がり、清々しい空気が満ちている。午後には薄暗くなってしまうので、午前中に訪れるのがおすすめ。雨上がりや雪化粧した姿も美しい。 ▶P.120

1 渡月橋（とげつきょう）
嵐山のシンボル
絶景ナビ：豆腐料理 松ヶ枝 ▶P.126／茶寮 八翠 ▶P.118

BEST絶景
春の桜にはじまり、新緑、紅葉、雪景色と四季の移ろいが美しい嵐山を眺望できる絶好のスポット。下流から渡月橋越しに嵐山を眺めるのもGOOD。 ▶P.118

5 旧嵯峨御所 大本山 大覚寺（きゅうさがごしょ だいほんざん だいかくじ）
典雅な趣の観月名所

▶P.123
嵯峨天皇の離宮がルーツの門跡寺院。桜や紅葉の名所でもある。

4 あだし野念仏寺
無縁仏に手を合わせる

▶P.124
弘法大師空海が開いた古刹で、8000もの石仏と石塔が立つ。

3 天龍寺（てんりゅうじ）
嵐山随一の名刹

▶P.116
嵐山や空の色を映しだす曹源池庭園は、国の史跡・特別名勝第1号。

絶景ナビ：精進料理 篩月 ▶P.126／老松 嵐山店 ▶P.126

このまま巡れる！歩ける！

四季の情緒が魅力的な寺社が目白押し！
平安貴族気分で優雅に嵐山散策プラン

半日コース 公共機関で

絶景ナビ 天龍寺〜渡月橋〜竹林の道〜野宮神社〜落柿舎〜祇王寺

京都随一の景勝地・嵐山と嵯峨野へ。豊かな水と緑を感じ、澄んだ空気をいっぱい吸い込んで、優雅な一日を過ごそう。

START
10:00　レトロな電車で嵐山に到着
嵐電嵐山駅

主要観光地に一番近い駅がここ。周辺はおみやげの店が多いので、帰りのお買い物タイムの下見を。京友禅のアート「キモノ・フォレスト」も必見。

徒歩1分

10:05　まずは嵐山一の大寺院へ
天龍寺　絶景ナビ

総門をくぐり、庭園受付に辿り着くまでの参道は、春は桜、夏は青もみじや放生池の蓮、秋には紅葉が楽しめる。

大迫力の法堂の雲龍図は公開日限定。事前にチェックしておこう。　▶P.116

徒歩5分

11:00　季節ごとに訪れたくなる
渡月橋　絶景ナビ

橋のたもとから少し下流へ進んで振り向くと、嵐山を象徴する景色が目の前に広がる。まるで一幅の絵画のような渡月橋＋嵐山を背景に記念写真をパチリ。　▶P.118

徒歩3分

11:30　おばんざいで満腹ランチ
嵐山ぎゃあてい

料理旅館嵐山辨慶の料理人が作る京都のおばんざいバイキングが人気。京野菜や湯葉、豆腐などヘルシーなのもうれしいポイント。充実のデザートは別腹で！　▶P.126

徒歩3分

竹林の道　絶景ナビ

凛とそびえる緑の竹林がどこまでも続き、癒し度満点。歩きながら空を仰げば、降り注ぐ木漏れ日がまぶしく、耳を澄ませば葉ずれの音が聞こえる。　▶P.120

徒歩3分

13:00　良縁を願ってお参りを
野宮神社　絶景ナビ

『源氏物語』に登場する古社。縁結びで知られ、撫でると願い事が叶うという亀石も。「じゅうたん苔」と呼ばれる苔庭も見どころ。　▶P.122

お参りの後はお守りを。デザインも優雅。

徒歩7分

街歩きナビ

寺社、自然の風景、和食ランチにカフェまで、京都旅の醍醐味が凝縮していて、思わずカメラを向けてしまうフォトジェニックなスポットも満載のエリア。駅に近く、比較的観光客の多い天龍寺や渡月橋を訪れた後は、さらに北に広がるエリア。奥へと進むごとにしっとりとした空気が満ちてゆき、小倉百人一首や古典文学ゆかりの地であることを実感する、心に染み入る景色に出合える。

歩き疲れたら、トロッコ列車や人力車で目線を変えてみるのも新鮮！ 帰りは、嵐電嵐山駅のホームにある足湯で心身をほぐそう。

嵐山 [エリアコース]

石仏にそっと手を合わせる
あだし野念仏寺 +1時間

弘法大師空海が約1200年前に開創。宝塔の周りに8000もの石塔と石仏が祀られており、世の無常を思わせる景観。

P.124

or

時代劇のロケ地でも有名
旧嵯峨御所 大本山 大覚寺 +1時間

元は嵯峨天皇の離宮であったことから、格調高く典雅な雰囲気。諸堂を結ぶ回廊を歩けば貴族の気分に。

P.123

事前予約不要で本格的な写経を体験することもできる。

or

自然を思う存分堪能するなら
嵯峨野トロッコ列車 +1.5時間

嵯峨野から亀岡までを時速約25kmのゆったりとしたスピードで走る観光列車。おすすめはダイナミックな自然を感じられる桜と紅葉のシーズン。

P.125

13:30 思わず一句詠みたくなる
落柿舎

江戸時代前期に活躍した俳人・松尾芭蕉の門下で、蕉門十哲に数えられる向井去来が結んだ草庵。風情あるたたずまいと四季折々の花、俳句のご朱印もある。

絶景ナビ
P.125

↓ 徒歩7分

14:00 閑寂な苔庭の眺め
祇王寺

『平家物語』で平清盛の愛を失った白拍子の祇王が隠棲した尼寺。苔と青もみじに包まれ、しっとりとした雰囲気。天を覆う紅葉や、散りもみじも美しい。

絶景ナビ
P.122

↓ 徒歩20分

15:00 おやつは古民家カフェで
eXcafe 京都嵐山本店

嵐電嵐山駅にほど近い、古民家をリノベーションしたカフェ。ほくほく、お団子セットなどのスイーツや風情ある空間、庭園など写真映えポイント多数。

P.126

↓ 徒歩すぐ

GOAL 嵐電嵐山駅

京都名所ナビ 絶景

雄大な自然を取り込んだ
四季折々の名庭に見惚れる

1 絶景ナビ 天龍寺 〔嵐山〕

MAP P.112B-2 ☎075-881-1235

南北朝の戦乱で敗れた後醍醐天皇を弔うため、1339（暦応2）年に時の将軍・足利尊氏が建立。京都五山の第一位として隆盛を極めた。

所 京都市右京区嵯峨天龍寺芒ノ馬場町68 時 8:30〜17:30（10月21日〜3月20日は〜17:00）料 庭園500円（諸堂参拝は追加300円、法堂特別参拝は別途500円）休 無休 交 嵐電嵐山駅から徒歩2分 P 120台（1日1000円）

Bestシーズン　春・秋

嵐山【絶景名所ナビ】

池に映り込む幻想的な風景にうっとり!

ぜんぶ巡りたい! 境内の見どころ

夢窓疎石が作庭した曹源池庭園は、名庭中の名庭と称される。春の桜、夏の深緑、秋の紅葉、冬の雪景色とそれぞれに美しく、いつ訪れても美景を堪能できる。法堂の「雲龍図」は期間限定公開なので事前に確認を。

曹源池庭園
嵐山を背景とした池泉回遊式庭園で、優美な王朝文化と禅文化が巧みに融合

雲龍図
どこから見ても睨まれているように見えることから「八方睨みの龍」という

精進料理 篩月
MAP P.112B-2
☎075-882-9725 ▶P.126
天龍寺の境内にある店。四季折々の素材で丁寧に仕上げられた精進料理が味わえる。

宝厳院
MAP P.112B-2
☎075-861-0091
春と秋のみ公開される天龍寺の塔頭寺院。名庭「獅子吼の庭」が色付く秋がイチオシ。

所 京都市右京区嵯峨天龍寺芒ノ馬場町36 時 9:00〜17:00 料 500円 休 春と秋の特別拝観時のみ拝観可能 交 嵐電嵐山駅から徒歩5分 P 天龍寺駐車場利用

平安貴族も愛でた
風光明媚の極み

1 晴れた日にはテラス席へ。アフタヌーンティー4200円(税サ別) 2 保津川に面した絶好のロケーション

3 絶景ナビ
茶寮 八翠(さりょう はっすい)

嵐山

MAP P.112B-3 ☎075-872-1222

「翠嵐 ラグジュアリーコレクション ホテル 京都」の敷地に立つ和カフェ。ホテルメイドのスイーツと絶景を優雅に堪能できる。

所京都市右京区嵯峨天龍寺芒ノ馬場町12 翠嵐 ラグジュアリーコレクションホテル 京都 時11:00〜17:00 休無休 交嵐電嵐山駅から徒歩6分 P9台(2時間無料)

Bestシーズン　春・秋

118

雄大な自然に包まれて
平安貴族気分で嵐山の船に乗る

嵐山の屋形船（嵐山通船）
MAP P.112B-3 ☎075-861-0302

貸し切りのボートや遊覧船など船あそびが楽しめる。爽やかな風が吹き渡る川面から眺める景色は、地上とはまた違った趣が感じられる。

時 9:00～16:30（冬季は～15:00）料 遊覧船貸切2人まで3700円（1人増えるごとに1100円増）、遊覧船乗合1人1200円 休 無休（3月第2火曜、12月第3火曜、年末年始は休）※天候により欠航あり 交 北のりばまで嵐電嵐山駅から徒歩10分

嵐山[絶景名所ナビ]

2 絶景ナビ 渡月橋 [嵐山]
MAP P.112C-3 ☎075-861-0012
（嵐山保勝会）

平安時代、亀山上皇が「くまなき月の渡るに似る」と称したことが名の由来。渡月橋越しに望む春や秋の彩りは、嵐山を象徴する絶景。

時 料 休 散策自由 交 嵐電嵐山駅から徒歩3分 P なし

Bestシーズン　通年

info 初冬のイベント 嵐山花灯路

初冬の人気イベントで、嵯峨・嵐山エリアの約5kmにわたる路を「灯り」と「花」で彩る。

MAP P.112C-3 ☎075-212-8173
（平日10:00～18:00・京都・花灯路推進協議会事務局）
https://www.hanatouro.kyoto.travel/

渡月橋ライトアップ
写真提供：京都・花灯路推進協議会

4 絶景ナビ 星のや京都 [嵐山]
MAP P.112A-2 ☎0570-073-066
（星野リゾート予約センター）

「水辺の私邸」がコンセプトで、全室リバービュー。大自然の中に佇む極上のリゾートで、静寂に包まれながら非日常のひとときが過ごせる。

所 京都市西京区嵐山元録山町11-2 交「星のや京都」上り桟橋まで阪急嵐山駅から徒歩7分 P なし

Bestシーズン　春

STAY DATA
料金 1泊11万9900円～（1室あたり、サ別、食事別）
※全25室　IN15:00／OUT12:00
●パジャマ ●歯ブラシ ●タオル
●専用バス・トイレ ●無料Wi-Fi

1 幽玄な夜桜の眺めはこの上ない贅沢 2 鳥のさえずりや木漏れ日で、身も心もリフレッシュ

info えびす屋嵐山總本店の人力車が楽しい

嵐山・嵯峨野の名所を巧みな話術でエスコート。歩いての観光とはひと味異なり、お姫様気分に。

MAP P.112C-3
☎075-864-4444
所 京都市右京区嵯峨天龍寺芒ノ馬場町3-24 時 9:30〜日没（シーズンにより変動）※一区間コース（約12分）〜、貸切コースもあり 料 1人3000円、2名4000円〜 休 無 交 嵐電嵐山駅から徒歩3分 P なし

凛とそびえ立つ竹林でパワーチャージ

絶景ナビ
5 竹林の道　嵐山
MAP P.112B-2

大河内山荘から野宮神社まで約300mにわたって竹林が連なる小径。降り注ぐ木漏れ日や、涼やかな葉ずれの音に癒される。

時 料 休 散策自由 交 嵐電嵐山駅から徒歩6分
Bestシーズン　通年

120

古典文学や和歌に綴られる、風流な嵯峨野を歩く
竹林の葉ずれを聞きながら
いにしえからの歴史の舞台を散策

人気の竹林を歩くなら、空気がひときわ澄み渡る朝がおすすめ。早起きして嵯峨野さんぽを。

豊かな自然と古刹を訪ね歩く

JR嵯峨嵐山駅を出発し、清々しさに思わず深呼吸したくなる竹林を抜けて大河内山荘庭園へ。お抹茶で一服したら、小倉山の中腹に佇む常寂光寺を訪ねよう。石段の上から振り返ると、夏なら青もみじ、秋は紅葉の見事な景色が広がる。二尊院の本尊を祀る二尊院や、源氏物語ゆかりの清凉寺までハシゴすれば、風雅な心地に。

❸ 二尊院 (にそんいん)
MAP P.112A-2 ☎075-861-0687

釈迦如来と阿弥陀如来の二体が本尊であることが寺名のルーツ。参道は「紅葉の馬場」と称される。
所 京都市右京区嵯峨二尊院門前長神町27 時 9:00～16:30 料 500円 休 無休 交 市バス嵯峨釈迦堂前から徒歩10分 P なし

❹ 清凉寺 (せいりょうじ)
【紅葉の名所】
MAP P.112B-1 ☎075-861-0343

釈迦如来像が本尊であることから通称は嵯峨釈迦堂。光源氏のモデルとされる源融の山荘を寺に改めたことが起源。
所 京都市右京区嵯峨釈迦堂藤ノ木町46 時 9:00～16:00 料 境内自由(本堂400円) 休 無休 交 バス嵯峨釈迦堂前からすぐ P 50台

1 弁天堂を鮮やかに彩る紅葉 2 本尊の釈迦如来像はインド、中国、日本の三国を伝来したといわれる

嵐山 [絶景名所ナビ]

- 伝統的な家屋や町並みが見られる
- 地面を覆う苔が美しいお寺。平清盛に愛された祇王・祇女が隠棲した
- 祇王寺
- 旧嵯峨御所 大本山 大覚寺
- 覚勝院
- 厭離庵
- 「聖天様の大根供養」は、毎年、旧暦の小雪の日を挟む数日で実施される
- ❹ 清凉寺
- 松尾芭蕉門下の俳人・向井去来の庵。芭蕉も滞在したことがあるそう
- ❸ 二尊院
- 坂本龍馬や維新の志士の銅像が。長州藩士に会うため天龍寺に立ち寄ったとか
- 落柿舎
- 小倉山荘
- 嵯峨落柿舎前店
- 新丸太町通
- JR山陰本線(嵯峨野線)
- JR嵯峨嵐山駅
- トロッコ嵯峨駅
- ❷ 常寂光寺
- 野宮神社
- N 150m
- 大河内山荘庭園
- トロッコ嵐山駅
- 竹林の道は、この辺り一帯
- 嵐山駅
- 嵐電(嵐山本線)
- 至 嵐山公園
- 天龍寺
- 至 渡月橋

❷ 常寂光寺 (じょうじゃっこうじ)
【紅葉の名所】
MAP P.112A-2 ☎075-861-0435

名の由来は、仏教の理想郷「常寂光土」。小倉山の中腹に広がる境内は、藤原定家が百人一首を編んだ山荘跡と伝わる。
所 京都市右京区嵯峨小倉山小倉町3 時 9:00～17:00 料 500円 休 無休 交 市バス嵯峨小学校前から徒歩11分 P 5台

❶ 大河内山荘庭園 (おおこうちさんそうていえん)
【紅葉の名所】
MAP P.112B-2 ☎075-872-2233

昭和初期に活躍した映画スター・大河内傳次郎の邸宅跡。京都市街や比叡山までの大パノラマが望める。
所 京都市右京区嵯峨小倉山田淵山町8 時 9:00～17:00 料 1000円 休 無休 交 市バス野々宮から徒歩9分 P あり

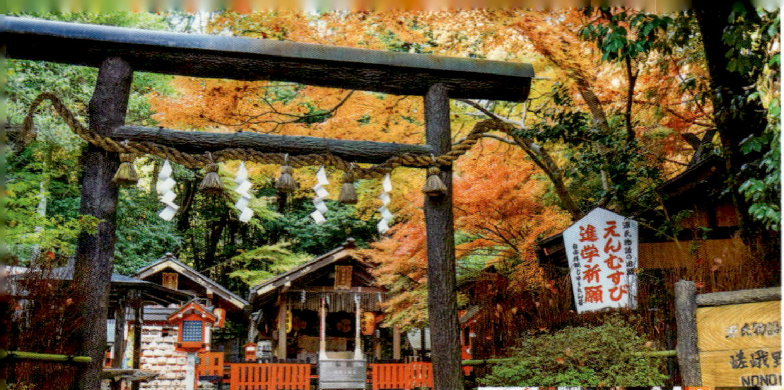
えんむすび
進学祈願

6 絶景ナビ 野宮神社（ののみやじんじゃ）

嵐山

MAP P.112B-2 ☎075-871-1972

『源氏物語』で光源氏が六条御息所を訪ねるシーンの舞台として知られ、縁結びの社として親しまれる。黒木鳥居も見どころ。

所 京都市右京区嵯峨野宮町1 時 9:00～17:00 料 境内自由 休 無休 交 市バス野々宮から徒歩5分 P なし

Bestシーズン 秋

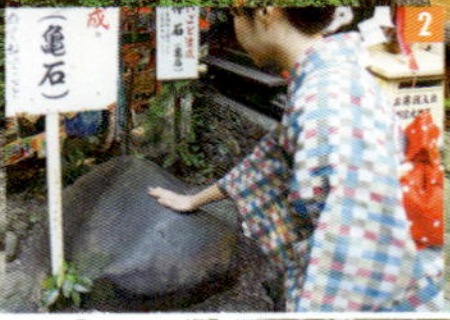
(亀石)

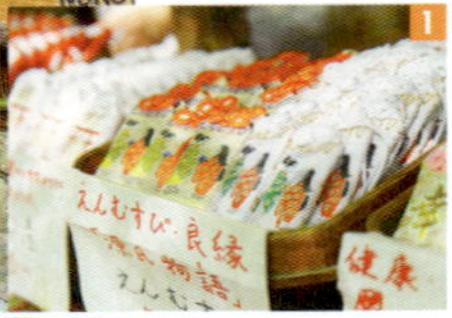

1 源氏物語をイメージした縁結びのお守り 2 撫でると1年以内に願い事が叶うという亀石

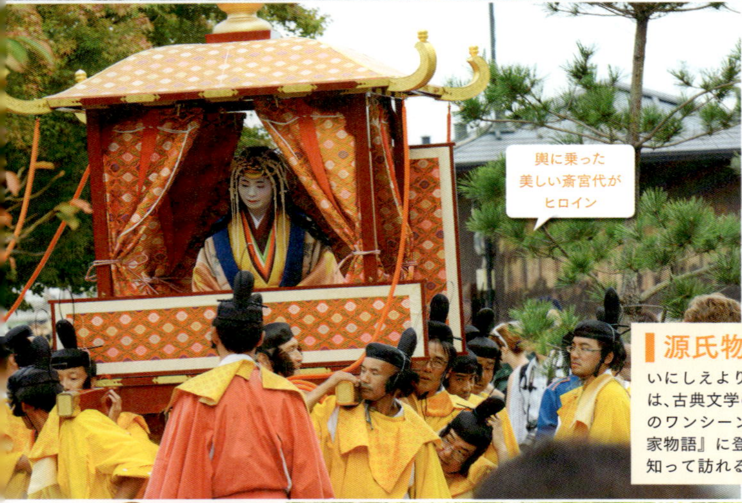
輿に乗った
美しい斎宮代が
ヒロイン

7 絶景ナビ 斎宮行列（さいぐうぎょうれつ）（野宮神社）

嵐山

MAP P.112B-2 ☎075-871-1972

未婚の皇女「斎宮（斎王）」が伊勢神宮に出仕する際の「斎王群行」を再現した秋の恒例イベント。華やかな行列が嵐山を練り歩く。

時 10月第3日曜の12:00～15:00 料 見学自由 交 市バス野々宮から徒歩5分

Bestシーズン 秋

源氏物語・平家物語の舞台

いにしえより貴族の別荘が営まれたこのエリアは、古典文学の舞台としても名高い。『源氏物語』のワンシーンが綴られる野宮神社のほか、『平家物語』に登場する祇王寺など、ストーリーを知って訪れると味わいがいっそう深まる。

8 絶景ナビ 祇王寺（ぎおうじ）

嵐山

MAP P.112A-1

☎075-861-3574

『平家物語』に綴られる寺で、白拍子の祇王が平清盛の寵愛を失い、隠棲したという。一面苔に覆われた庭ともみじが美しく調和する。

所 京都市右京区嵯峨鳥居本小坂町32 時 9:00～16:30 料 300円 休 元日 交 市バス嵯峨釈迦堂前から徒歩15分 P なし

Bestシーズン 通年

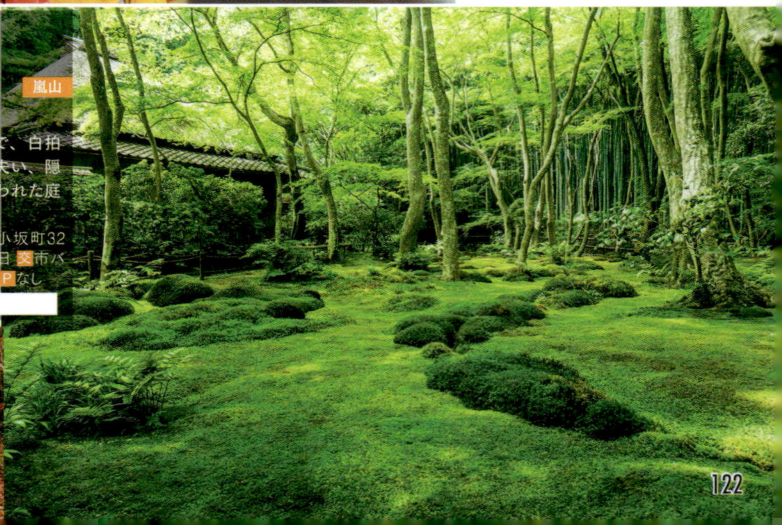

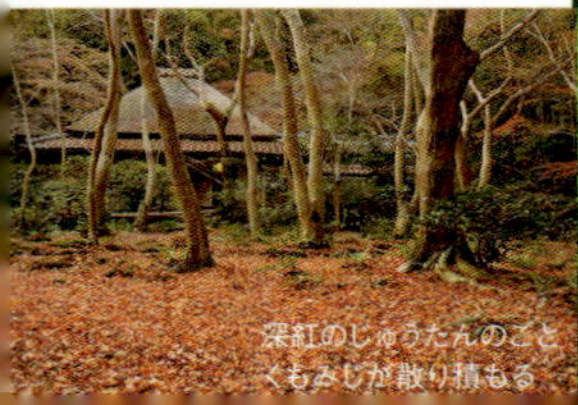

深紅のじゅうたんのごとくもみじが散り積もる

平安の風雅を漂わせる 格式高き門跡寺院

嵐山 [絶景名所ナビ]

絶景ナビ 9 旧嵯峨御所 大本山 大覚寺 嵐山

MAP P.112C-1 ☎075-871-0071

876（貞観18）年、嵯峨天皇の離宮を寺院に改めて以来、明治時代初頭まで代々皇族が住持してきた門跡寺院。真言宗大覚寺派の本山。

所 京都市右京区嵯峨大沢町 時 9:00～16:30（受付）料 お堂エリア500円、大沢池エリア300円 休 無休 交 市バス／京都バス大覚寺から徒歩1分 P あり（有料）

Bestシーズン 秋

11月に開催される 嵯峨菊展も見どころ

毎年11月の1か月間にわたつ開催される。嵯峨菊は、嵯峨天皇の御代に大沢池のほとりに自生していた古典菊の一種で、繊細な花弁が特徴。約800鉢もの嵯峨菊が境内の随所に飾られ、気品を漂わせる。

桜

日本でもっとも古い林泉式庭園である大沢池。そのほとりが薄紅色で縁取られるほか、典雅な諸堂に寄り添うように桜が咲き誇る。

観月の夕べ

古来、観月の名所として愛されており、中秋の名月の頃に開かれる観月の夕べは必見。大沢池の水面にゆらめく幻想的な月はため息がこぼれるほど。

ライトアップ

「真紅の水鏡」という名のライトアップイベントで、大沢池周辺が闇夜に浮かび上がる。紅葉越しに心教宝塔を望める池の南側がベストスポット。

10 平野屋 (ひらのや) 嵐山

絶景ナビ

MAP P.112A-1 ☎075-861-0359

400年の歴史を有する鮎料理の茶屋で、山・川・野の幸をふんだんに使った旬の料理を提供。軒先では、名物菓子の志んこを楽しめる。

所 京都市右京区嵯峨鳥居本仙翁町16
時 11:30〜21:00　休 無休　交 京都バス鳥居本から徒歩5分　P 5台

Bestシーズン　秋

1 昔懐かしい風情が漂う
2 志んこ880円。ねじれた形は火伏の神を祀る愛宕神社の参道を表現

11 あだし野念仏寺 (のねんぶつじ) 嵐山

絶景ナビ

MAP P.112A-1 ☎075-861-2221

約1200年前、弘法大師空海が無縁仏の供養のために開創。8000もの石塔と石仏が祀られている。晩夏の風物詩・千灯供養が有名。

所 京都市右京区嵯峨鳥居本化野町17
時 9:00〜最終受付16:30(12〜2月は〜最終受付15:30、4・5・10・11月の土・日曜、祝日は〜最終受付17:00)　料 500円　休 不定休　交 京都バス鳥居本から徒歩4分　P なし

Bestシーズン　夏

世の無常に思いを馳せる
無数の石仏

info
鳥居本の町並み
愛宕神社一の鳥居付近に連なる素朴な町並み。重要伝統的建造物群保存地区に指定されている。

絶景ナビ 12 保津川下り 〔嵐山〕

MAP P.112A-2
☎0771-22-5846

丹波亀岡から嵐山までの16kmほどを約2時間かけて船で下る。ありのままの大自然やスリル満点の激流、船頭さんの軽快なトークが魅力。 時3月10日〜11月30日は9:00〜14:00の1時間ごと、15:30に運航(満船になり次第随時出航。土・日曜、祝日は満席になり次第随時出港)、12月1日〜中旬は9:00〜13:00の1時間ごと、14:30に運航、12月中旬〜3月9日は10:00〜14:30の1時間30分ごとに運航 料乗船4100円 休12月29日〜1月4日、川止時、2・9月の安全点検あり 交乗船場へはトロッコ亀岡駅から京阪京都交通バス保津川下り乗船場行きで12分、終点下車すぐ P80台

絶景ナビ 14 落柿舎 〔嵐山〕

MAP P.112B-2 ☎075-881-1953

松尾芭蕉の高弟・向井去来が結んだ庵。庭の柿の実が一夜にして落ちてしまったことが名の由来という。 所京都市嵯峨小倉山緋明神町20 時9:00〜17:00(1・2月は10:00〜16:00) 料300円 休12月31日、1月1日 交市バス嵯峨小学校前から徒歩10分 Pなし

絶景ナビ 13 嵯峨野トロッコ列車 〔嵐山〕

MAP P.112C-2
☎075-861-7444
(自動音声案内)

嵯峨嵐山から亀岡までの保津峡を走る観光列車。春は桜、夏は青もみじ、秋は紅葉、冬は水墨画のような景色が待ち受ける。 所京都市右京区嵯峨天龍寺車道町(トロッコ嵯峨駅) 時9時2分〜16時2分の1時間ごとに運転(紅葉の時期や日曜、祝日は臨時列車の運転あり、要確認) 料片道一律630円 休水曜(祝日、春休み、GW、8月、紅葉期間中は運転)、12月30日〜2月末日 交JR嵯峨嵐山駅に隣接 Pなし

絶景ナビ 16 厭離庵 〔嵐山〕

MAP P.112B-1 ☎075-861-2508

藤原定家が小倉百人一首を編んだ山荘跡と伝わる。秋限定公開で、苔庭に降り積もる散りもみじは必見。 所京都市右京区嵯峨二尊院門前善光寺山町2 時11月1日〜12月7日の9:00〜16:00 料500円 通常非公開 交市バス嵯峨釈迦堂前から徒歩5分 Pなし

絶景ナビ 15 宝筐院 〔嵐山〕

MAP P.112B-2 ☎075-861-0610

平安時代中期に創建された、足利家ゆかりの寺。赤や黄色の紅葉が天を染める回遊式庭園が見事。 所京都市右京区嵯峨釈迦堂門前南中院町9-1 時9:00〜16:00(11月は〜16:30) 料500円 休紅葉期間中無休 交市バス嵯峨釈迦堂前から徒歩3分 Pなし

嵐山［絶景名所ナビ］

嵐山周辺 立ち寄りガイド

%ARABICA 京都 嵐山
MAP P.112C-3 ☎非公開

渡月橋そばのコーヒースタンド。高品質の豆とエスプレッソマシンで淹れる香り高い味わいが評判。

所 京都市右京区嵯峨天龍寺芒ノ馬場町3-47 時 8:00～18:00 休 不定休 交 嵐電嵐山駅から徒歩5分 P なし

豆腐料理 松ヶ枝
MAP P.112C-3 ☎075-872-0102

抹茶豆腐と蕎麦豆腐の市松模様が粋な 湯豆腐「雅」2350円ほか、国産豆腐のメニューが味わえる。

所 京都市右京区嵯峨天龍寺芒ノ馬場町3 時 11:00～LO16:00（土・日曜～LO17:00、いずれも観光シーズンは10:30～、花灯路期間中は延長あり。要問合せ） 休 無休 交 嵐電嵐山駅から徒歩3分 P なし

鯛匠HANANA
MAP P.112C-2 ☎075-862-8771

真鯛の薄造りと胡麻ダレでいただく鯛茶漬け御膳2750円が看板メニュー。地元産の野菜料理も美味。

所 京都市右京区嵯峨天龍寺瀬戸川町26-1 時 11:00～17:00（鯛がなくなり次第終了） 休 不定休 交 嵐電嵐山駅から徒歩4分 P なし

嵐山ぎゃあてい
MAP P.112C-2 ☎075-862-2411

京野菜、湯葉、豆腐をはじめ京の食材を使った30種ものおばんざいをバイキング形式（定食もあり）で楽しめる。

所 京都市右京区嵯峨天龍寺造路町19-8 時 11:00～14:30 休 不定休 交 嵐電嵐山駅からすぐ P なし

精進料理 篩月
MAP P.112B-2 ☎075-882-9725

天龍寺直営の精進料理店。一汁一飯五菜で構成される精進料理（雪3300円～）を味わえる。

所 京都市右京区嵯峨天龍寺芒ノ馬場町68 時 11:00～14:00 休 無休 ※別途天龍寺庭園参拝料500円が必要 交 嵐電嵐山駅からすぐ P 120台（天龍寺有料駐車場）

嵐山 MITATE
MAP P.112C-2 ☎075-863-1551

「温故知新」をテーマに、京野菜と選りすぐりの高級食材で構成するフレンチ懐石のコースを提供。

所 京都市右京区嵯峨天龍寺造路町33-25 時 11:00～LO13:30、17:30～LO20:00 休 水曜 交 嵐電嵐山駅からすぐ P なし

嵯峨豆腐 森嘉
MAP P.112B-1 ☎075-872-3955

川端康成の小説にも登場した老舗豆腐店。嵯峨豆腐のほか、具だくさんの飛龍頭も自慢の一品。

所 京都市右京区嵯峨釈迦堂藤ノ木町42 時 8:00～17:00 休 水曜 交 京都バス停嵯峨釈迦堂前からすぐ P 4台

老松 嵐山店
MAP P.112C-2 ☎075-881-9033

花街・上七軒に暖簾を掲げる京菓子司老松の支店。併設の茶房でできたての本わらび餅や季節の甘味を。

所 京都市右京区嵯峨天龍寺芒ノ馬場町20 時 9:00～17:00（茶寮は9:30～16:30） 休 不定休 交 嵐電嵐山駅から徒歩3分 P なし

松籟庵
MAP P.112B-3 ☎075-861-0123

大堰川の絶景を望む会席料理店。松籟コース5060円（昼のみ）は、湯豆腐、八寸、季節の京料理など。

所 京都市右京区嵯峨亀ノ尾町官有地内 時 11:00～LO16:00（金～日曜、祝日は～20:00）※17:00以降は前日までに要予約 休 無休 交 嵐電嵐山駅から徒歩15分 P なし

eXcafe 京都嵐山本店
MAP P.112C-3 ☎075-882-6366

古民家を改装した趣あるカフェ。ほくほく、お団子セット1485円ほかこだわりスイーツがずらり。

所 京都市右京区嵯峨天龍寺造路町35-3 時 10:00～18:00 休 無休 交 嵐電嵐山駅からすぐ P なし

京都の技

名物名品 4

お守り・ご朱印帖

社寺めぐりの醍醐味 ご利益アイテム

縁結びお守り
各1000円（野宮神社）
源氏物語旧蹟 開運招福お守り
1000円（野宮神社）
ご朱印帖
1500円（松尾大社）
酒の神を祀る松尾大社のオリジナルご朱印帖は、酒樽の模様があしらわれている

銭亀守
300円（松尾大社）
名水・亀の井が湧くことから亀がモチーフ。財布の中にしのばせて

櫛のおまもり
700円（御髪神社）
髪の美しさと健康を願う御櫛（おぐし）守。赤と緑の2種がある

京都市内のお寺と神社の数は合わせて2000超！その数だけ多種多様の由緒やご利益が語り継がれている。

ご利益アイテムの定番といえば神様や仏様の化身とされるお守りだけれど、近年は空前のご朱印ブームが到来。神仏との縁を結んだ証として授けられたのがルーツで、縁起物であるのはもちろん、筆文字や押し印そのものも味わい深いことから、参拝記念に授かるのがトレンドとなっている。

古来、貴族が愛してやまなかった嵐山エリアは、数々の物語や和歌の舞台となった地であることから、お守りやご朱印にも詩情豊か。なかでも良縁を夢見る女性の参拝が絶えない『源氏物語』ゆかりの野宮神社、美髪や髪の健康に霊験あらたかとされる御髪神社、酒の神を祀り、縁結びでも信仰を集める松尾大社が個性的だと評判だ。

手水舎で心身を清め、そっと手を合わせて心を込めてお参りしたあと、社寺めぐりの醍醐味を楽しんでみてはいかが。

🛍 購入は各神社で

松尾
松尾大社（まつおたいしゃ）
▶P.128

嵐山

御髪神社（みかみじんじゃ）
MAP P.112B-2
☎075-882-9771
所 京都市右京区嵯峨小倉山田淵山町10 時 境内自由（社務所は10:00～15:00） 休 無休 料 拝観無料 交 市バス野々宮から徒歩9分 P なし

嵐山
野宮神社（ののみやじんじゃ）
▶P.122

127

嵐山からひと足 桂・松尾＆高雄

桂・松尾
嵐山からバスと徒歩で15分

都の西に位置するこのエリアはにぎわう嵐山とは趣が異なり、静かでゆるやかな時間が流れている。建築、庭園、ご利益、グルメなど、数は少ないが味わい深いスポットばかり。

1 絶景ナビ 桂
松尾大社（まつのおたいしゃ）
MAP P.5B-2 ☎075-871-5016

古代貴族・秦氏にゆかりがあり、平安京より長い歴史を刻む社。酒の神様として全国の酒造業者から厚い信仰を集めている。山吹の名所でもあり、毎年春には約3000株もの山吹が境内を彩る。

所 京都市西京区嵐山宮町3 時 境内自由（神像館・松風苑は8:30～16:00、日曜、祝日は～16:30）料 神像館・松風苑共通500円 休 無休 交 阪急松尾大社駅から徒歩2分 P 70台

Bestシーズン　春

【名物】

すだち氷 890円

中村軒（なかむらけん）
MAP 付録 裏A-5
☎075-381-2650

8月限定のフルーツのかき氷も好評（年により変動）

桂離宮の向いに店を構え、おくどさんで炊き上げる自慢のあんを使った和菓子が評判。名物は粒あん入りの麦代餅。

所 京都市西京区桂浅原町61 時 9:30～LO17:45（販売は7:30～18:00）休 水曜（祝日の場合は営業）交 阪急桂駅から徒歩15分 P 15台

【見どころ】

地蔵院（じぞういん）
MAP P.5B-2
☎075-381-3417

境内の大半が竹林に覆われていることから「竹の寺」とも呼ばれる。平庭式枯山水庭園には十六羅漢の修行の姿を表現した自然石が配され、一面の苔が見事。

所 京都市西京区山田北ノ町23 時 9:00～16:30（最終受付16:15）料 500円 休 1月10日～2月10日の水・木曜 交 京都バス苔寺・すず虫寺から徒歩3分 P 7台

鈴虫寺（すずむしでら）
MAP P.5B-2
☎075-381-3830

鈴虫の鳴き声と法話が一年中聞ける寺。わらじを履いた珍しい姿の幸福地蔵が願いを叶えに来てくれると人気。

所 京都市西京区松室地家31 時 9:00～最終受付16:30 料 500円 休 無休 交 京都バス苔寺・すず虫寺から徒歩3分 P 30台

桂離宮（かつらりきゅう）
（宮内庁京都事務所参観係）
MAP 付録 裏A-5
☎075-211-1215

八条宮智仁親王・智忠親王が造営した別荘。日本庭園の集大成ともいわれる池泉回遊式庭園や建築は見どころ多数。

所 京都市西京区桂御園 時 事前申し込みまたは当日申し込み 料 1000円（詳細は公式HPを確認）交 市バス・京阪京都交通バス桂離宮前から徒歩15分 P 30台

高雄

嵐山から電車とバスで1時間

神護寺の高雄、西明寺の槙尾、高山寺の栂尾という3つの地名を総称して三尾という。京都市内でいち早く紅葉シーズンが訪れる名所でもあり、青もみじの美しさでも知られる。

嵐山［ひと足のばして］

2 神護寺 [絶景ナビ] 高雄

MAP P.5B-1 ☎075-861-1769

弘法大師空海が809（大同4）年から14年間住持した古刹。薬師如来立像（国宝）をはじめ、平安・鎌倉期の寺宝を多く有する。

所 京都市右京区梅ヶ畑高雄5 **時** 9:00〜16:00 **料** 600円 **休** 無休 **交** JRバス山城高雄から徒歩20分 **P** なし

Bestシーズン　秋

【名物】

キノコと若鶏の陶板焼き定食 1870円

定食のほか、蕎麦など軽食もある

とが乃茶屋

MAP P.5B-1
☎075-861-4206

130年もの歴史がある食事処。窓の向こうに広がる紅葉や清滝川の眺めもご馳走の一つだ。夏には川床が設えられる。

所 京都市右京区梅ヶ畑栂尾町3 **時** 11:00〜16:00 **休** 木曜（祝日の場合は営業）※冬期休業 **交** JRバス栂ノ尾からすぐ **P** なし

西明寺
MAP P.5B-1
☎075-861-1770

江戸幕府5代将軍・綱吉の母である桂昌院が再建。清涼寺の本尊を模刻したという釈迦如来立像が本尊。

所 京都市右京区梅ヶ畑槇尾町1 **時** 9:00〜17:00 **料** 500円 **休** 無休 **交** JRバス槇ノ尾から徒歩5分 **P** なし

高山寺
MAP P.5B-1
☎075-861-4204

【見どころ】

[1] 鳥獣人物戯画（複製） [2] 国宝・石水院からの野趣に富む景色は秋がおすすめ

鎌倉時代、明恵上人が再興。鳥獣人物戯画（複製）の展示や日本最古の茶園も必見。

所 京都市右京区梅ヶ畑栂尾町8 **時** 8:30〜17:00 **料** 境内自由（紅葉期は入山500円）、石水院拝観800円 **休** 無休 **交** JRバス栂ノ尾から徒歩8分 **P** 市営駐車場利用

歴史 × 百人一首

story & history

この旅をもっと知る"絶景の物語"
平安貴族が愛した嵐山は百人一首のふるさと

平安時代からのリゾートで、貴族や文化人が別荘を構えた嵐山。歌に詠まれた景色が今も随所に残る。

食×物語　旅×物語

紫式部：
めぐり逢ひて
見しやそれとも
わかぬ間に
雲がくれにし
夜半の月かな

紀貫之：
人はいさ
心も知らず
ふるさとは
花ぞ昔の
香ににほひける

小倉百人一首ってどんなもの？

京都を代表する観光地・嵐山は小倉百人一首発祥の地でもある。

風光明媚で平安貴族に愛され、多くの別荘が建てられた。大堰川（桂川）北岸の小倉山には鎌倉時代の歌人で官僚でもあった藤原定家が別荘・時雨亭を構え、そこで編纂されたのが百人一首といわれる。

小倉百人一首は勅撰和歌集のなかから100人の歌人の和歌を、一人一首ずつ選んで作った和歌集であり、内訳は男性79名、女性21名。小野小町や清少納言、紫式部など後世に名を残す女流歌人の歌も少なくない。

江戸時代には木版画技術が発達し、絵入りの「歌かるた」として人気に。

小倉百人一首の歴史を常設展で紹介
嵯峨嵐山文華館
MAP P.112B-3 ☎075-882-1111
所 京都市右京区嵯峨天龍寺芒ノ馬場町11　営 10:00〜16:30　休 火曜（祝日の場合は翌日休）　料 900円　交 嵐電嵐山駅から徒歩5分　P なし

藤原定家ゆかりのスポットへ

藤原定家は鎌倉初期の歌壇の中心であり、優れた研究者でもあった。小倉百人一首のほか「新古今和歌集」（共撰）、「新勅撰和歌集」を撰したことでも知られる。

実は定家の山荘跡には諸説ある。一つが小倉山の中腹にある

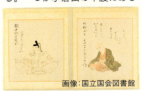

画像：国立国会図書館
藤原定家は幼少から歌才を発揮したという

常寂光寺で、境内には藤原定家山荘趾、百人一首編纂之地碑と刻まれた石碑、時雨亭址碑などが残る。また二尊院も同様に定家の山荘があった場所とされ、時雨亭跡として石組が残る。

また百人一首の元となった障子装飾用色紙を定家に依頼した宇都宮頼綱の山荘跡地で、現在の厭離庵（→P.125）も有力。通常非公開だが、11月1日〜12月上旬に一般公開を行い、定家の茶毘塚や茶席時雨亭を見学できる。

常寂光寺 ▶P.121
二尊院 ▶P.121

嵐山の社寺で平安ロマンにひたろう

嵐山一帯の公園や寺社などには、歌を刻んだ歌碑が置かれている。中でも歌に詠まれることの多かった亀山公園には古今和歌集と拾遺集、後拾遺集から集めた計49首の歌碑がある。野々宮地区の竹林沿いなど、歌碑を探しながら歩いてみるのもいい。

百人一首にまつわる場所以外にも、嵐山には古くからの名刹が存在する。京都五山第一位の天龍寺は、法堂の天井に描かれた直径9mの雲龍図や、曹源池庭園が見事。また光源氏のモデルといわれる源融の別荘跡に阿弥陀堂を設立した清凉寺や、伊勢神宮に仕える斎宮が身を清めた野宮神社なども。

奥嵯峨の方に歩けばあだし野念仏寺などがあり、千年前と変わらぬ素朴な野の風景を見ることができる。

清凉寺 ▶P.121
野宮神社 ▶P.122

清凉寺の国宝・阿弥陀三尊像

AREA
GUIDE

伏見
宇治

京都駅からのアクセス

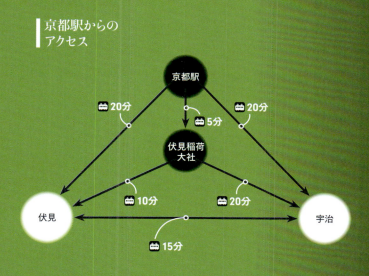

こんなところ！【エリア別】

伏見〜宇治

神秘と歴史の注目エリア

伏見稲荷大社が世界レベルの注目を集めたことから、近年人気が高まっているエリア。「伏見（区）」と一言で言っても、伏見と伏見稲荷大社とは距離にして4km以上あり電車移動が必須だが、それぞれに見どころ満載なのでぜひ両方訪れたい。古来別荘地として貴族を魅了してきた宇治の終盤のクライマックス、『源氏物語』の舞台であり、抹茶スイーツの聖地でもある。歴史とロマンにふれる旅を満喫しよう。

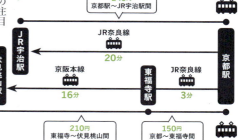

【交通案内】
各エリアまでは電車でラクラク

徒歩
駅を降りたら徒歩の移動がメイン。電車や徒歩での移動距離が比較的長いため、歩きやすい靴やリュックサックがおすすめ。

JR奈良線
伏見稲荷大社、伏見、宇治の3か所を巡るなら、伏見稲荷大社が一番混雑するので、朝イチにJR稲荷駅か京阪伏見稲荷駅で下車して伏見稲荷大社へ。

見どころも多いエリアだから… 【上手に巡るヒント！】

1 お山めぐりをするなら＋2時間
京都市街を見渡す絶景ポイントやさまざまなご利益が待ち受ける伏見稲荷大社のお山めぐり。時間にゆとりがあれば、ぜひ！

2 京阪宇治駅・JR宇治駅を使い分け
京都駅から宇治へ直行ならJRを。3エリアすべて巡るなら、京阪電車「宇治・伏見1dayチケット」を利用しよう。

3 宇治
抹茶スイーツの聖地！
極楽浄土がこの世に現出したかのような鳳凰堂を有する平等院や、宇治上神社の2つの世界遺産を擁する。全国有数の茶どころで、宇治茶や抹茶スイーツのお店が軒を連ねる風光明媚なエリア。

休憩タイムは抹茶スイーツを

絶景ナビ 平等院 ▶P.140
辻利兵衛 本店 ▶P.143
中村藤吉本店 宇治本店 ▶P.145

2 伏見
名水が湧く酒どころ
豊富な地下水をたたえることから、かつて「伏水」とも記され、日本有数の酒どころとして発展。京都と大阪を結ぶ水運の要衝であったため、坂本龍馬をはじめ幕末の志士たちが往来したゆかりのスポットが残る。

絶景ナビ 伏見 十石舟 ▶P.139
松本酒造 ▶P.139
月桂冠大倉記念館 ▶P.144

1 伏見稲荷大社
異世界に迷い込んだ気分に
「お稲荷さん」として親しまれる稲荷神社の総本宮。千本鳥居を抜け、白狐の絵馬が架かる奥社奉拝所でお参りして折り返すのが定番コースだが、豊かな自然と神秘のパワーがみなぎる「お山めぐり」もおすすめ。

▶P.136

絶景ナビ 総本家いなりや ▶P.144

このまま巡れる！歩ける！
千本鳥居と美酒＆抹茶にうっとり
伏見と宇治で京文化を満喫♪プラン

半日コース 公共交通機関で

絶景ナビ 伏見稲荷大社〜伏見の街並み〜平等院

世界が注目のパワスポをはじめ、歴史、仏像、名物グルメ…。千年の都の奥深い魅力がギュッと詰まったコースを旅しよう。

START

9:00 京都駅
京都タワーを望む旅の起点

バスターミナル、地下鉄、近鉄、JRの新幹線や在来線まで、あらゆる交通の起点が集結している京都駅からスタート。伏見稲荷大社へはJR奈良線でGO。

🚃 JR5分

9:30 伏見稲荷大社
圧巻の千本鳥居へいざ！

商売繁昌などのご利益で信仰を集める。本殿参拝後は、朱色の鳥居が連なる千本鳥居へ。神秘的な雰囲気が漂い、人々を魅了する。近年参拝者が増えているので訪れるなら朝のうちが正解。

▶P.136

🚶 徒歩すぐ

10:30 総本家いなりや
門前名物をおみやげに

きつねの顔がユニークな、いなり煎餅の元祖。1枚ずつ丁寧に手焼きされた煎餅は、白みそと胡麻の風味が良く、素朴な味わい。お面に見立てて記念撮影を。

▶P.144

🚃 京阪電車15分

伏見の街並み

酒蔵が立ち並ぶ風情ある街並みが魅力。かつて水運の要衝であった面影が残り、今も十石舟で舟あそびを楽しめる。

▶P.139

🚶 徒歩すぐ

11:30 伏見の酒蔵
伏見の銘酒めぐり

古くから酒造りがさかんだった伏見には、全国的に有名な蔵元が。松本酒造の風格ある建物を眺めたり、藤岡酒造の酒蔵Barえんで一杯嗜んだりと、伏見の酒を満喫。

▶P.139

🚶 徒歩2分

12:00 鳥せい
ランチは伏見の名酒とともに

酒蔵1棟を改装した鳥料理の店。とりめしや焼きとりといった気軽な定食や丼物、コース料理までメニューが豊富。生原酒もおすすめ。

▶P.139

🚃 京阪電車15分

街歩きナビ

3つの街を巡り、平安時代から現代までのタイムトリップ気分を味わえるコース。

まずは、伏見稲荷大社の参拝で、パワーを授かり、清々しい一日のスタートを。みやげ物店が連なる昔ながらの裏参道をそぞろ歩いたら、京阪電車で伏見へ向かおう。幕末ゆかりのスポットや酒蔵の街並みをゆるりと巡り、伏見の名酒を味わったら、ほろ酔い気分で宇治へ。世界遺産・平等院の仏像や朝日焼の茶器に見惚れた後は、宇治川を眺めたり、『源氏物語』に思いを馳せながらリバーサイドを歩いたりと、多彩な楽しみ方が。シメはもちろん本場宇治の抹茶スイーツで、大満足の一日に。

13:30　極楽浄土、この世に現る
平等院

10円硬貨に描かれた国宝の鳳凰堂をはじめ、平安時代のカリスマ仏師・定朝作の阿弥陀如来坐像、雲中供養菩薩像など見どころ多数。
▶P.140

徒歩8分

14:30　由緒ある茶器にうっとり
朝日焼 shop & gallery

約400年の歴史をもち、茶器で知られる朝日焼の窯元によるショップ兼ギャラリー。宇治川を望むスタイリッシュな空間で器選びを。
▶P.142

徒歩13分

15:00　宇治茶の本場で抹茶スイーツ
中村藤吉本店 宇治本店

趣ある茶商屋敷を活かしたカフェ。上質な抹茶やほうじ茶を使った多彩なスイーツを日本庭園を眺めながら味わえる。おみやげも充実。
▶P.145
本店限定のまるとパフェのほか、生茶ゼリイも評判。

+1時間

舟から眺める景色も素敵
伏見 十石舟

明治時代まで伏見と大阪の間を往来した舟を再現。酒蔵と柳の木が織り成す景色や三栖閘門資料館の見学を楽しみながら往復約50分間の舟旅へ出よう。
▶P.139

or

四季の花が咲き継ぐ寺
三室戸寺

5000坪もの広大な庭園に紫陽花が咲き誇ることから「あじさい寺」とも称される。ツツジ、シャクナゲや蓮、紅葉も見事。紫陽花モチーフのかわいいお守りが人気。
▶P.143

or

パン好きなら絶対訪れたい
たま木亭

遠方からもわざわざ買いに訪れるお客さんで連日にぎわうベーカリー。厳選した素材で丁寧に焼き上げるパンは、定番から個性的なものまでバラエティに富む。
▶P.144

伏見〜宇治［エリアコース］

京都名所ナビ 絶景

朱色の鳥居が続く神秘的な景色

136

伏見〜宇治[絶景名所ナビ]

1 絶景ナビ

京都駅周辺

伏見稲荷大社
ふしみいなりたいしゃ

MAP P.132A-2
☎ 075-641-7331

全国に約3万社あるといわれる稲荷神社の総本宮。五穀豊穣、商売繁昌などにご利益があり、京都の人気観光スポットのひとつ。

所 京都市伏見区深草薮之内町68 時 境内自由(授与所7:00〜18:00) 料 境内自由 休 無休 交 JR稲荷駅からすぐ P 170台(普通車専用)

Bestシーズン　通年

137

神社の楼門としては最大級の規模

❶緑豊かな稲荷山を登れば心も体もリフレッシュできる ❷稲荷大神のお使いである眷属の姿を境内のあちこちで見ることができる。口にくわえるお宝にも注目

伏見稲荷大社をとことん楽しむポイント
稲荷山をぐるりと巡りご利益をいただこう

山頂にある一ノ峰までは境内の散策も合わせると往復約2時間。時間と体力があれば、ぜひチャレンジしてみよう。

❶ **楼門**

1589(天正17)年、豊臣秀吉の寄進。両側には狛犬ではなく狐の像が据えられている

❷ **本殿**

蟇股や懸魚などに桃山期の特徴がある、大型の社殿

❸ **千本鳥居**

千本とは数え切れない数を意味。江戸時代から続く鳥居の奉納は神様への信仰の象徴

❹ **奥社奉拝所**

稲荷山を遥拝するための拝所で奥の院とも呼ばれる

❺ **熊鷹社**

背後の新池はこだまヶ池とも呼ばれ、行方知れずの人の手がかりがつかめるのだとか

四ツ辻にある茶店でブレイクタイム！

❻ **四ツ辻**

京都南部を一望する絶景が広がっている

❼ **一ノ峰**

稲荷山の最高峰。末広大神として崇められている

❽ **長者社**
御劔社とも言われ、御劔石がある

❾ **薬力社**
病気平癒や無病息災にご利益がある人気の社

❿ **眼力社**
先見の明や眼力を授かると言われる

伏見稲荷大社 MAP

伏見の町並みをのんびり眺める船旅へ

2 伏見 十石舟
絶景ナビ 伏見

MAP P.132B-2 ☎075-623-1030

江戸時代まで物資や旅人を運んでいた輸送船を遊覧船として再現。酒蔵や柳並木など伏見の風情を感じながら約1時間の船旅が楽しめる。

所 京都市伏見区南兵町247 時 10:00～16:20（約20分間隔で出航、時期により変更あり）料 乗船1200円 休 運航は3月下旬～12月初旬限定※詳しくは伏見観光協会公式HPで要確認 交 京阪中書島駅から徒歩5分 P なし

Bestシーズン　夏

坂本龍馬や新選組にゆかりのある伏見

龍馬が襲撃された寺田屋や新選組が陣を敷いた伏見奉行所など、幕末の歴史舞台になった伏見。町を歩いて激動の時代に思いを馳せてみよう。

伏見～宇治［絶景名所ナビ］

4 松本酒造
絶景ナビ 伏見

MAP P.132A-1 ☎075-611-1238

1791（寛政3）年創業の蔵元。木造の酒蔵とレンガ造りの建物は酒どころ・伏見を代表する景色。春には菜の花が辺り一面に咲き誇る。
※見学受付、試飲販売は行っていない。

所 京都市伏見区横大路三栖大黒町7

3 鳥せい本店
絶景ナビ 伏見

MAP P.132B-1 ☎075-622-5533

清酒「神聖」で知られる蔵元・山本本家が手がける焼き鳥屋。タレの隠し味として、こだわりの日本酒を贅沢に使用。

所 京都市伏見区上油掛町186 時 11:30～23:00（土・日曜、祝日は11:00～）休 月曜（祝日は営業）交 京阪伏見桃山駅から徒歩6分 P 35台

139

鳳凰が左右に
翼を広げたような
姿の鳳凰堂

Bestシーズン　春

平等院の見どころは
こう回るのがベスト！

❶ 美しい建築と絶景を眺める

阿字池越しの鳳凰堂は定番撮影ポイント。平成の大修復が終わり赤い柱や金色の飾り金具など創建当時の彩りが蘇った。

❷ 平等院に伝わる宝物を鑑賞

平等院ミュージアム鳳翔館には平安時代の国宝の梵鐘1口や雲中供養菩薩26躯、鳳凰1対など、宝物が多数展示されている。

❸ 本格的な宇治茶でひと休み

平等院境内にある日本茶専門店・茶房 藤花。オリジナルブレンドの茶葉を使用した宇治茶と和菓子が味わえる。600円〜

マスキングテープ
各500円などグッ
ズも充実

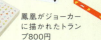
鳳凰がジョーカー
に描かれたトラン
プ800円

伏見〜宇治【絶景名所ナビ】

5 平等院 [絶景ナビ] 宇治

極楽浄土の世界を雅な姿で再現

MAP P.132B-3 ☎0774-21-2861

平安時代のセレブ、藤原頼通が父から譲り受けた別荘を寺院に改め平等院を開創。建築と庭園が融合した景観や絵、彫刻などが見どころ。

所 宇治市宇治蓮華116 時 境内8:30〜17:30、鳳翔館9:00〜17:00、鳳凰堂内部拝観9:30〜16:10の20分ごと 料 拝観600円(鳳翔館入館料含む、鳳凰堂内部拝観料別途300円) 休 無休 交 JR宇治駅から徒歩10分 P なし

Bestシーズン　通年

1 阿弥陀如来坐像は日本の仏像作家を代表する仏師定朝の作品。鳳凰堂内に祀られており光背と台座で高さ4m以上 2 平等院を代表する花である藤。境内には藤棚が3か所あり4月下旬〜5月上旬が見頃 3 雲に乗り中国の伝統的打楽器・拍板(はくばん)を持つ南1号菩薩 4 踊る南20号満月菩薩。

宇治川のほとりで、茶器の美しさにふれる

6 朝日焼 shop & gallery 〈宇治〉

絶景ナビ

MAP P.132B-3 ☎0774-23-2511

約400年続く朝日焼の窯元によるショップ兼ギャラリー。宇治川を望むショップ内の茶室で不定期にイベント・ワークショップを開催。

所 宇治市宇治又振67 時 10:00～17:00 休 月曜、最終火曜 交 京阪宇治駅から徒歩7分 P 4台

Bestシーズン　通年

1 大きな窓から光が差し込む茶室は川のせせらぎを感じるロケーション 2 棚には工房で作られた器が並ぶ。中にはモダンなデザインの作品もある 3 庭を抜けていくアプローチも心地良い

142

7 絶景ナビ 辻利兵衛 本店
宇治
MAP P.132A-3 ☎0774-29-9021

創業160余年の茶商が手がける茶寮。玉茶、抹茶など本格的なお茶とともに、良質な宇治抹茶を贅沢に使ったパフェやゼリーなども人気。

所 宇治市宇治若森41 時 10:00～17:00 休 火曜 交 JR宇治駅からすぐ P 20台

Bestシーズン　通年

宇治抹茶の贅沢パフェで至福の一服

8 絶景ナビ 三室戸寺
宇治
MAP P.132C-2 ☎0774-21-2067

別名「あじさい寺」と呼ばれる。6月上旬～7月上旬には約5000坪の大庭園に青やピンクなど色鮮やかなアジサイ1万株が咲き誇る。

所 宇治市菟道滋賀谷21 時 8:30～16:30（11～3月は～16:00）※最終受付は閉門の30分前 料 拝観500円※アジサイ園開園期間は800円（宝物館は別途500円）休 12月29～31日（宝物館は毎月17日の9:00～20分のみ拝観可）交 京阪三室戸駅から徒歩15分 P 200台（1回500円）

Bestシーズン　夏

伏見～宇治[絶景名所ナビ]

1 大庭園ではまれにハート型のアジサイが見つかりSNSで話題に 2 本堂前の蓮園は6月下旬～8月上旬頃に250鉢の蓮が咲く 3 朱色が美しい山門

1 和モダンな雰囲気の店内 2 12種類の素材が詰まった宇治抹茶ぱふぇ 宇治誉れ1760円 3 閑静な住宅街に佇む茶寮

伏見〜宇治周辺 立ち寄りガイド

おこぶ北清
MAP P.132B-2 ☎075-601-4528
ダシ昆布や鰹を販売するカフェ＆バー。昆布茶や日本酒、ダシを活かしたおばんざいなどが楽しめる。
所京都市伏見区南新地4-52 時18:00〜22:00(土・日曜は12:00〜) 休月曜 交京阪中書島駅からすぐ Pなし

月桂冠大倉記念館
MAP P.132B-2 ☎075-623-2056
酒蔵を改装した博物館。酒造りの歴史や工程が学べ、試飲もできる。事前予約で発酵過程の見学も可能。
所京都市伏見区南浜町247 時9:30〜16:30(16:15最終受付) 休無休 料400円(大吟醸酒付き、未成年者は絵はがき) 交京阪中書島駅から徒歩5分 P15台

黄檗山 萬福寺
MAP P.4D-3 ☎0774-32-3900
中国風精進料理である普茶料理5500円〜（要予約）が味わえる。中国様式の建物や卍くずしの装飾にも注目。
所宇治市五ケ庄三番割34 時11:30〜14:30(LO13:00)※参拝は9:00〜17:00(最終受付16:30) 休不定休 交JR・京阪黄檗駅から徒歩5分 P50台

総本家いなりや
MAP 付録 裏C-6 ☎075-641-1166
1枚1枚手焼きで仕上げるきつね煎餅は白味噌と胡麻の風味がクセになる味わい。3枚450円〜。
所京都市伏見区深草開土町 時8:30〜17:30 休木曜(1日、祝日除く) 交JR稲荷駅から徒歩2分 Pなし

伏水酒蔵小路
MAP P.132B-1 ☎075-601-2430
18蔵元の120種以上の日本酒と料理が味わえる。18蔵の銘酒が飲み比べできる利き酒セット粋酔2475円が人気。
所京都市伏見区納屋町115〜京都市伏見区平野町82-2 時11:30〜23:00(店舗により異なる) 休火曜 交京阪伏見桃山駅から徒歩7分 Pなし

酒蔵Bar えん
MAP P.132B-1 ☎075-611-4666
藤岡酒造の酒蔵に併設された日本酒バー。純米酒は1杯495円〜。お酒が苦手な人には自家製酒粕アイスがおすすめ。
所京都市伏見区今町672-1 時11:30〜18:00 休水曜 交京阪伏見桃山駅から徒歩5分 Pなし

寺島屋彌兵衛商店
MAP P.132B-3 ☎0774-22-3816
創業1827（文政10）年の宇治茶の専門店。カウンターでは季節ごとのおすすめ品や限定品などを試飲できる。
所宇治市宇治蓮華40-1 時9:00〜17:00 休火曜(祝日の場合は営業) 交京阪宇治駅から徒歩5分 Pあり

たま木亭
MAP P.4D-3 ☎0774-38-1801
全国各地からファンが訪れるベーカリー。ハード系の惣菜パンや菓子パンに定評がある。ほうじ茶パン129円など。
所宇治市五ケ庄平野57-14 時7:00〜18:45 休月・火・水曜 交JR黄檗駅から徒歩2分 P6台

通圓
MAP P.132B-3 ☎0774-21-2243
平安時代末期創業の茶舗。茶房では挽きたての抹茶をふんだんに使ったスイーツや茶そばなどが味わえる。
所宇治市宇治東内1 時10:00〜17:30 休無休 交京阪宇治駅から徒歩2分 Pなし

福寿園 宇治茶工房
MAP P.132B-3 ☎0774-20-1100
宇治茶づくりが体験できる工房。茶寮では甘味やお茶漬けなどが楽しめ、資料館も見学できる。
所宇治市宇治山田10 時10:00〜17:00(茶寮はLO16:00) 休月曜(祝日の場合は翌日休) 交京阪宇治駅から徒歩8分 P8台

京都の技 5

名物名品

生茶ゼリイ

ぷるぷるゼリーに魅了
茶どころ宇治の逸品

生茶ゼリイ（抹茶）
990円
ぷるぷるっとした食感で、抹茶の渋みと甘みの両方楽しめる。ほうじ茶ゼリイもあり

まるとパフェ[抹茶]
1430円
生茶ゼリイや抹茶アイスなどを詰め込んだ宇治本店限定メニュー

生麺 茶蕎麦セット
1540円
抹茶塩とつゆの2種類をお好みで。お茶の葉ちりめんご飯付き

1854（安政元）年創業、茶どころ宇治に暖簾を掲げる茶商・中村藤吉本店。
JR宇治駅前の目抜き通りでひときわ風格を漂わせる宇治本店は、茶商屋敷の姿を今に伝える店構え。樹齢約250年の松を据えた中庭を望むカフェでは、竹筒に抹茶の旨みを存分に閉じ込めた人気の生茶ゼリイやまるとパフェ、茶壺形の器に入った冷やしぜんざいなど、創業以来こだわり続ける中村銘茶を使った個性派甘味が揃う。

生茶ゼリイは、「安心、安全、末永く愛されつづける日常の味を」と幾年もの歳月をかけて編み出された独創的なレシピで手作りされ、抹茶の香味をともなって口の中にとろりとほどけていく食感が後を引く。中身は一部異なるがテイクアウトもできるので、宇治の旅のやげにおすすめだ。
新茶の季節には、爽やかな口あたりの「新茶ゼリイ」、夏には伊予柑を使った「涼香の生茶ゼリイ」など時折お目見えする季節限定メニューも。

🏠 **購入は本店や京都駅店で**
中村藤吉本店 宇治本店
MAP P.132A-3 ☎ 0774-22-7800
所 宇治市宇治壱番10　時 10:00〜18:00
（LO17:00）※季節により変動あり　休 元日
交 JR宇治駅から徒歩1分　P 15台

支店情報　平等院店　MAP P.132B-3
　　　　　　京都駅店　MAP 付録 裏C-5

入口右手の販売コーナーには、中村銘茶やスイーツが並ぶ

光が降り注ぐ大きな窓越しに庭の眺めを楽しめる

屋号「まると」のロゴを染めた暖簾が趣たっぷり

食 ×地酒

歴史 ×物語　　旅 ×物語

story & history

この旅をもっと知る"絶景の物語"
地酒も湯豆腐も水で育った、京都を支える名水

豆腐、酒造り、茶の湯、友禅染…。京都の食や産業を支えてきた「地下水」の歴史や不思議を追おう。

京都の地下には琵琶湖並みの水瓶が

京都は西・北・東の三方を山に囲まれた盆地。地下の硬い岩盤は中央部がくぼんでおり、この深い砂れき層に琵琶湖からの地下水や山からの湧水などが流れ込んでくるといわれる。

「京都水盆」と呼ばれるこの水瓶は琵琶湖に匹敵する211億トンの水を貯えているという。最深部は800mで、かつて巨椋池（おぐら）

画像◎国立国会図書館
70年ほど前まで宇治付近にあった巨椋池

という池があった場所だ。

豊富な地下水は平安の頃より茶の湯や友禅などに役立てられてきた。また市内各所に名水と呼ばれる湧水があり、7000以上もの井戸が現存する。

名水で醸される伏見の「女酒」

京都西部は水の出ない粘土層であったことから、しだいに都は南北に長い形に変わり、豊富な水が湧き出す伏見へと人々が移り住むようになった。伏見の地名も「伏水」に由来する。都市としての発展とともに、名水を活用した酒造りが始まった。

清酒の成分の8割以上を占めるのが水。つまり水の成分が酒の味を大きく左右するということだ。伏見の水は、カルシウムやマグネシウムなど硬度成分をほどよく含んだ中硬水であり、酸が少なく、きめの細かい味わいの酒を生み出す。一方、酒造りで有名な灘（兵庫）の酒はミネラル分が多い硬水を用いるため、やや酸の多い辛口タイプの酒になる。このことから伏見の酒は「女酒」、灘の酒は「男酒」と呼ばれている。

862（貞観4）年に湧いた「御香水」が名の起源。日本の名水百選にも

御香宮神社（ごこうのみやじんじゃ）
MAP P.132C-1 ☎075-611-0559
所 京都市伏見区御香宮門前町174
時 9:00〜16:00（石庭拝観）休 臨時休館あり（石庭拝観）料 200円（石庭拝観）
交 京阪伏見桃山駅/近鉄桃山御陵前駅から徒歩7分 P 100台

20以上の蔵元が伏見に集中

水運に恵まれ水陸交通の要衝となった伏見。米、薪炭、樽材といった酒の原材料や酒樽などが舟で運ばれたことも酒造業の興隆を後押しした。

1657（明暦3）年には酒造家が83軒あったという。現在も20以上の酒造が営業し、濠川沿いに白壁の土蔵が並ぶ風情豊かな景観をつくっている。

直売所で試飲ができるのも産地ならではの醍醐味。見学できたり、お酒を使った料理を提供する飲食店を併設する蔵も。お酒についての知識を深めたければ「月桂冠大倉記念館」へ。ここでは伏見の酒造りと日本酒の歴史を学ぶことができる。

2016年には17蔵の利き酒ができる「伏水酒蔵小路」がオープンし、旅先でのお酒の楽しみ方がより広がった。

藤岡酒造（ふじおかしゅぞう）
MAP P.132B-1
の蒼空500ml 1870円〜

キザクラ カッパカントリー
MAP P.132B-1
金印 黄桜 かっぱカップ180ml 216円

月桂冠大倉記念館（げっけいかんおおくらきねんかん） ▶P.144

伏水酒蔵小路（ふしみさかぐらこうじ） ▶P.144

146

THEME
GUIDE

テーマで
楽しむ

アート ▶P.148

仏像 ▶P.152

名建築 ▶P.154

見逃せない
まだある古都の世界遺産 ▶P.156

京都名所ナビ 絶景

テーマで楽しむ

天井一面に広がる160枚の絵画

花天井(はなてんじょう)

日本を代表する書家をはじめ、日本画家たちが花や日本の風景をテーマに描いた絵が客殿の天井を彩る。春夏秋冬の舞妓の絵4枚も潜み、心躍る華やかさ。畳に寝転んで眺めてもOK。

絶景ナビ 1 宇治
正寿院(しょうじゅいん)

MAP P.4D-3 ☎0774-88-3601

800年もの歴史を有し、本尊である秘仏十一面観音やカリスマ仏師・快慶作の不動明王像を祀る。ハート型の猪目窓が人気急上昇。

所綴喜郡宇治田原町奥山田川上149 時9:00〜16:30(冬期は〜16:00) 料500円 休年中行事により休みあり 交京阪宇治バス維中前からコミュニティバスに乗り換え、奥山田下車徒歩10分 P60台

1・2 客殿の春のライトアップ(要事前申込)や夏恒例の風鈴まつり(2020年の開催予定はHPを参照)も人気

148

アート
ART

美しい花鳥風月を
1枚ずつじっくり
眺めてみよう

テーマで楽しむ［アート］

info 正寿院へのアクセス

最寄り駅はJR・京阪宇治駅。バスの場合は、駅前から京阪宇治バス維中前・緑苑坂・工業団地行に乗って約30分、バス停維中前でコミュニティバスに乗り換えて15分、バス停奥山田下車、徒歩10分。タクシーの場合は、バス停維中前から約10分。4～11月の日曜、祝日限定で、京阪宇治駅～正寿院口の直通バスを運行。社内に猪目窓などが施された茶室仕様の宇治茶バスとなっている。

149

重森三玲作のモダンな市松模様の庭
本坊庭園(ほんぼう)

方丈を囲む東西南北の4つの庭園からなる。苔と石の市松模様が織り成す北庭、伝統的な枯山水の南庭、北斗七星の形に石が配置された東庭、サツキの刈り込みが美しい西庭など見どころ豊富。

京都駅周辺

2 絶景ナビ
東福寺(とうふくじ)

MAP 付録 裏C-6 ☎075-561-0087

紅葉の名所として知られる禅寺。特に通天橋からの眺めをチェック。また昭和を代表する作庭家・重森三玲による本坊庭園も見どころ。
所京都市東山区本町15-778 時9:00〜16:00(11〜12月初旬は8:30〜、12月初旬〜3月は〜15:30) 料方丈500円、通天橋600円(共通券は1000円) 休無休 交JR／京阪東福寺駅から徒歩10分、京阪鳥羽街道駅から徒歩8分 P30台(秋の拝観期間中は閉鎖)

Bestシーズン　通年

アート
ART

小野小町の生涯を描く斬新な襖絵
極彩色梅匂小町絵図(ごくさいしきうめのにおいこまちえず)

小野小町の一生を華やかに描いた襖絵は目の覚めるような色が視線を釘付けにする。京都を拠点に和のグラフィックアートを手掛ける男性2人組の絵描きユニット・だるま商店による作品。

醍醐

3 絶景ナビ
隨心院(ずいしんいん)

MAP P.4D-3 ☎075-571-0025

絶世の美女といわれた平安時代の女流歌人・小野小町ゆかりの寺。遅咲きのはねず梅の名所で、3月の最終日曜には、はねずの踊りが行われる。
所京都市山科区小野御霊町35 時9:00〜16:30 料境内自由(本堂拝観、梅林入園 各500円) 休不定休 交地下鉄小野駅から徒歩7分 P50台

Bestシーズン　通年

150

豪華な桃山美術が彩る歴史の大舞台

二の丸御殿 障壁画

4 絶景ナビ
二条城
元離宮二条城

MAP P.73A-1
☎075-841-0096

将軍上洛時の宿所として徳川家康が1603（慶長8）年に築城。彫刻や飾金具、狩野派による障壁画など見事な装飾美術の数々は一見の価値あり。

所 京都市中京区二条通堀川西入二条城町541　時 8:45～16:00（閉館17:00）　料 1030円（二の丸御殿拝観料含む）　休 要問合せ　交 市バス二条城前からすぐ　P あり（有料）

Bestシーズン　通年

info 桜のライトアップイベントへ
城内に咲き誇る300本以上の桜が、華麗にライトアップされる注目のイベント。闇に浮かぶ景色は幽玄の世界。

時 3月下旬～4月中旬予定　料 未定

二の丸御殿内部にある障壁画の数は3600面以上。そのうち1016面が重要文化財に指定されている。これらは狩野探幽率いる狩野派によって描かれ、多くの作品が金箔を施した華やかなものとなっている。

立ち去りがたいという意味の、「盤桓園」という額縁庭園。柱や鴨居、敷居を長方形の額縁に見立てるとカエデや竹林が織り成す風景が絵画のように見える。客殿の奥に座るのがおすすめ。

まるで絵画のように魅せる額縁庭園

盤桓園

抹茶とお菓子でほっこり。800円（拝観料込）

テーマで楽しむ［アート］

5 絶景ナビ
大原
宝泉院

MAP P.4D-1　☎075-744-2409

平安末期に僧坊として建てられたのが始まり。樹齢700年の五葉の松や伏見城の遺構である血天井、珍しい二連式の水琴窟など見どころが多い。

所 京都市左京区大原勝林院町187　時 9:00～16:30　料 800円（茶菓子付）　休 無休（1月3日※要問合せ）　交 京都バス大原から徒歩15分　P なし

Bestシーズン　秋

151

仏像 ART

空海の手による21体の仏像ワールド
立体曼荼羅

弘法大師空海が密教における仏の世界「曼荼羅」を人々にわかりやすく伝えるために表現したもの。最高尊である大日如来を中心として21体の仏像を配している。国宝16体、重文5体が含まれる。

6 東寺（教王護国寺） 〈京都駅周辺〉
MAP 付録 裏B-6
☎075-691-3325

平安遷都の際、国家鎮護の寺として創建。823（弘仁14）年、弘法大師空海が嵯峨天皇から寺を賜り、真言密教の根本道場となった。

所 京都市南区九条町1 時 8:00～16:30 最終受付（閉門は17:00） 料 境内自由（金堂・講堂500円） 休 無休 交 京都駅から徒歩15分 P 50台（有料）

Bestシーズン　通年

1 立体曼荼羅は講堂で拝観 2 五重塔は木造建造物で日本一の高さ

珍しい大和坐りの慈悲深き仏様
阿弥陀三尊坐像

往生極楽院に祀られる三尊。阿弥陀如来を中心に据え、両脇の菩薩が珍しい大和座りをして前かがみに鎮座している。これは、極楽浄土へと旅立つ者を今まさに迎えに来たシーンを表している。

7 三千院門跡 〈大原〉
MAP P.4D-1 ☎075-744-2531

天台宗の門跡寺院。瑞々しい苔庭と杉木立の有清園、客殿から望む池泉観賞式の聚碧園の、2つの美しい庭園を有する。紫陽花や紅葉の名所。

所 京都市左京区大原来迎院町540 時 9:00～17:00（11月は8:30～、12～2月は～16:30） 料 700円 休 無休 交 京都バス大原から徒歩10分 P なし

Bestシーズン　通年

大迫力の1001体の観音様に息を呑む
千体千手観音立像（せんたいせんじゅかんのんりゅうぞう）

観音様のなかから大切な人の面影を見つけられるという

提供：妙法院

8 絶景ナビ　京都駅周辺
三十三間堂（蓮華王院）（さんじゅうさんげんどう・れんげおういん）
MAP 付録 裏C-5
☎075-561-0467

長さ120mの内陣の柱間が33あることが名の由来で、正式名は蓮華王院。1001体もの千手観音立像がずらりと並ぶ様は圧巻。

所 京都市東山区三十三間堂廻り町657
時 8:30～16:30、11/16～3/31は9:00～15:30　料 600円　休 無休　交 市バス博物館・三十三間堂前からすぐ　P 60台

Bestシーズン　通年

本堂には、1000体の千手観音立像と、中尊千手観音坐像が並ぶ。千手観音立像は124体がオリジナルで、876体が鎌倉時代に再興されたもの。重要文化財だったが、2018年に国宝に格上げされた。

テーマで楽しむ［仏像］

153　提供：妙法院

名建築 ART

赤レンガのレトロな洋館
旧・日本銀行京都支店（重要文化財）

9 絶景ナビ　烏丸
京都文化博物館別館
MAP P.72D-2 ☎075-222-0888

三条通を象徴する赤レンガの別館は、明治～大正期に活躍した建築家・辰野金吾による設計。吹き抜けの空間が美しい内部も必見。

所 京都市中京区三条高倉　時 10:00～19:30　休 月曜（祝日の場合は翌日休）　交 地下鉄烏丸御池駅から徒歩3分　P なし

歴代のSLがずらりと並んで壮観！
重要文化財の扇形車庫

10 絶景ナビ　京都駅周辺
京都鉄道博物館
MAP 付録 裏B-5 ☎0570-080-462

蒸気機関車（SL）から新幹線まで、53両を収蔵する博物館。扇形車庫は、現存する鉄筋コンクリート造りのものとしては日本最古。

所 京都市下京区観喜寺町　時 10:00～最終入場17:00　料 1200円　休 水曜（祝日の場合および春・夏休みは営業）　交 JR梅小路京都西駅から徒歩2分　P なし

京都でもっとも歴史ある洋菓子店
昭和レトロな看板建築

11 絶景ナビ　河原町
村上開新堂
MAP P.51B-2 ☎075-231-1058

創業は1907（明治40）年。昔ながらの素朴な味わいのロシアケーキのほか、4代目考案の寺町バニラプリンやマドレーヌが人気。

所 京都市中京区寺町二条上ル常盤木町62　時 10:00～18:00、カフェ～17:00（LO16:30）　休 日曜・祝日、第3月曜　交 地下鉄京都市役所前駅から徒歩5分　P なし

老舗が軒を連ねる寺町通にある。店の奥にはカフェも

クラシカルな洋館で優雅な時間

明治の煙草王の迎賓館

12 絶景ナビ 祇園
デザートカフェ長楽館
MAP P.26D-1 ☎075-561-0001

明治時代、実業家の村井吉兵衛が国内外のセレブをもてなす迎賓館として建築。迎賓の間では、アフタヌーンティーを楽しめる。
所 京都市東山区八坂鳥居前東入ル円山町604 時 11:00〜18:00(LO) ※アフタヌーンティーは12:00〜18:00(二部制) 休 不定休 交 京阪祇園四条駅から徒歩10分 P 10台

1 緑豊かな円山公園に隣接 2 館内にはバカラ社のシャンデリアがきらめく 3 アフタヌーンティーセット1名4400円(サ別、要予約。2名〜)

800年もの時を紡ぐ名庭を望む

名庭と調和する現代デザイン

テーマで楽しむ [名建築]

13 絶景ナビ 東山
「楓樹」フォーシーズンズホテル京都
MAP 付録 裏C-5 ☎075-541-8288

約1万㎡の池泉回遊式庭園「積翠園」は平清盛の長男・重盛の山荘庭園といわれ、『平家物語』にも記された文化遺産。その池庭に佇む数寄屋づくりの「楓樹」では、抹茶や和菓子、銘酒やシャンパンなどを楽しめる。

1 和倉をイメージしたモダンなホテル正面玄関 2 ホテル内のレストラン「ブラッスリー」は庭園を大きな窓から見わたす広々とした空間

所 京都市東山区妙法院前側町445-3 時 休 詳細はHP(www.fourseasons.com/jp/kyoto/)を参照 交 京阪七条駅から徒歩10分 P 70台

見逃せない まだある古都の世界遺産

西本願寺
京都駅周辺
MAP 付録 裏B-5 ☎075-371-5181
浄土真宗本願寺派の本山。金閣、銀閣とともに京都三名閣に数えられる飛雲閣をはじめ、桃山時代を代表する建築の宝庫。
所京都市下京区堀川通花屋町下ル 時5:30～17:00 料境内自由 休無休 交市バス西本願寺前からすぐ P参拝者用駐車場あり

上賀茂

上賀茂神社
MAP 付録 裏B-1 ☎075-781-0011
京都で最も古い歴史をもつ神社の一つ。国宝の本殿や、神様が降り立ったという神山を模した立砂など神聖な雰囲気が漂う。
所京都市北区上賀茂本山339 時ニノ鳥居内5:30～17:00(特別参拝は10:00～16:00) 料境内自由(特別参拝500円) 休無休 交市バス上賀茂神社前(御薗口町)から徒歩3分 P170台(有料)

下鴨神社周辺

下鴨神社
MAP 付録 裏C-2 ☎075-781-0010
原生林に囲まれた下鴨神社は京都でも人気のパワースポット。開運、縁結びなどにご利益があるとされ信仰を集める。
所京都市左京区下鴨泉川町59 時6:30～17:00(大炊殿10:00～16:00) 料境内自由(大炊殿500円) 休無休 交市バス下鴨神社前から徒歩5分 P100台(有料)

宇治

宇治上神社
MAP P.132B-3 ☎0774-21-4634
平安後期の建築物である本殿と鎌倉時代の拝殿はともに国宝。さらに境内には宇治七名水の一つ桐原水が今も湧き出る。
所宇治市宇治山田59 時9:00～16:30 料境内自由 交京阪宇治駅から徒歩10分 Pなし

醍醐

醍醐寺
MAP P.4D-3 ☎075-571-0002
平安時代から「花の醍醐」と呼ばれる桜の名所。醍醐山全体が桜で染まる4月第2日曜日は豊太閤花見行列が行われる。
所京都市伏見区醍醐東大路町22 時9:00～17:00(12月第1日曜の翌日～2月末は～16:30、最終受付は各閉門1時間前まで) 料三宝院、霊宝館、伽藍拝観800円(春・秋は1500円)、上醍醐は600円 休無休 交地下鉄醍醐駅から徒歩10分 P100台(有料)

156

SHOPPING GUIDE

京都で買う

京菓子 ▶P.158

ごはんのおとも ▶P.160

京雑貨 ▶P.162

京都駅みやげ ▶P.164

京のよすが
（四畳半）
3700円
茶室に見立てた箱に四季の干菓子などが入る A

京のよすが
1200円
六角形タイプ。紅葉をはじめ内容は変動 B

京菓子

京都の美が凝縮！和菓子の世界観

絹のしずく
1500円
口どけ豊かな落雁。一休寺納豆が入る A

お茶の文化とともに育まれてきた京都のお菓子は、見ためも華やか。四季の移ろいや美を感じよう。

雅な京菓子

温故知新のはんなりスイーツを持ち帰り。

瓢雪
1620円
餡とココナッツの風味が調和した羊羹 C

翁飴
450円
寒天と水飴で作る独特の食感の飴 B

京ふうせん
25枚入1080円
淡い色の砂糖引きをした麩焼せんべい B

C 蒼穹 祇園
MAP P.27B-2 ☎075-532-1818

所京都市東山区川端四条下ル宮川筋4-311-6 1F 時11:00～17:00 休月曜、第2日曜 交京阪祇園四条駅から徒歩7分 Pなし

B 京菓子司 末富 烏丸
MAP 付録裏 C-4 ☎075-351-0808

所京都市下京区松原通室町東入ル 時9:00～17:00 休日曜、祝日 交市バス烏丸松原からすぐ Pなし

A 亀末廣 烏丸
MAP P.73C-1 ☎075-221-5110

所京都市中京区姉小路通烏丸東入ル 時8:30～18:00 休日曜、祝日 交地下鉄烏丸御池駅からすぐ Pなし

158

京あめ

洋テイストのモダンなスイーツ

京風チョコレート

京風クッキー

D 京あめ クロッシェ 京都本店

河原町

MAP P.73D-3
☎ 075-744-0840

所 京都市下京区綾小路冨小路東入ル塩屋町69　時 10:30～19:00　休 不定休　交 地下鉄四条駅から5分　P なし

シェルブールの雨傘
648円
ヨーグルト味。女優のドレスをイメージ D

白無垢
648円
色も名前もピュアな印象の、桜味の飴 D

京桜
648円
京都の桜を想起させる桜餅味の定番商品 D

E マールブランシュ 加加阿365 祇園店

祇園

MAP P.27C-1
☎ 075-551-6060

所 京都市東山区祇園町南側570-150　時 10:00～18:00　休 無休　交 市バス祇園から徒歩3分　P なし

加加阿ちゃんスティックチョコレート
各431円
オレンジ×ビター、いちご×ビターなど3種 E

加加阿365
1080円（2個）
366日ごとに異なる「紋」が入ったチョコ E

ちょこっとエクレア
各431円
花街ならではのかわいらしいエクレア3種 E

F 万治カフェ

祇園

MAP P.27C-2
☎ 075-551-1111

所 京都市東山区祇園町南側570-118　時 11:00～19:00　休 水曜　交 阪急祇園四条駅から徒歩5分　P なし

祇園クッキー
万じセレクション
2808円
祇園らしい6種のモチーフのクッキー入り

七味クッキー
864円
祇園の石畳をイメージした形のクッキー F

定番みやげもかわいく進化 アートな生八ッ橋に注目

季節の生菓子
各324円
季節の柄をカラフルに表現した新感覚生八ッ橋

カレ・ド・カネール
110円～
生八ッ橋と餡やコンフィなどを組み合わせられる

nikiniki

河原町

MAP P.27B-1　☎ 075-254-8284

所 京都市下京区四条西木屋町北西角　時 10:30～19:00　休 不定休　交 阪急京都河原町駅から徒歩1分　P なし

古都の美味

毎日の食卓に取り入れる京テイスト。

和食の真髄が詰まったごはんのおともや、見ためも麗しいおもたせなど、食卓を彩る美味アイテムはこちら。

ごはんのおとも

八百三の柚味噌
（陶器入・小）
2650円
陶器が可愛い柚子味噌。パンに塗っても美味 F

京つけものもりのお漬物
（千枚漬691円、寿々しろ540円、旬かさね756円）
野菜を育てる土にもこだわった漬物 C

一保堂茶舗の嘉木
（小缶箱・105g）
3240円
老舗茶舗の定番。香りと甘みが豊かな煎茶 A

本田味噌本店の一わんみそ汁
5食入1080円
お湯を注ぐと老舗の味がすぐに楽しめる味噌汁 G

しののめのじゃこ山椒
100g入1080円
やさしい口当たりと山椒の風味がご飯に合う E

中村軒のお茶漬け鰻
2950円
昆布とろり
100g入620円
鰻の白焼きを山椒と煮た、和菓子店の名品 D

湯葉弥のくみあげ湯葉
1296円
とろける食感と大豆の豊饒な風味が絶品 B

A 一保堂茶舗（いっぽどうちゃほ）
MAP P.51B-2
☎075-211-3421
所 京都市中京区寺町通二条上ル 時 9:00～18:00 休 無休 交 地下鉄京都市役所前駅から徒歩5分 P 3台

B 湯葉弥（ゆばや）
MAP 付録 裏 B-5
☎075-314-5788
所 京都市下京区中堂庄ノ内町54-6 時 8:30～17:30 休 日曜、水曜と祝日不定休 交 JR丹波口駅から徒歩5分 P なし

G 本田味噌本店（ほんだみそほんてん）
MAP P.92F-3
☎075-441-1131
所 京都市上京区室町通一条558 時 10:00～18:00 休 日曜 交 地下鉄今出川駅から徒歩6分 P 4台

F 八百三（やおさん）
MAP P.72D-1
☎075-221-0318
所 京都市中京区姉小路通東洞院西入ル 時 9:00～18:00（祝日10:00～17:00）休 木・日曜 交 地下鉄烏丸御池駅から徒歩3分 P なし

E しののめ
MAP 付録 裏 C-1
☎075-491-9359
所 京都市北区小山元町53 時 9:00～17:00 休 日曜・祝日、第2土曜（1、7、12月は営業）交 地下鉄北大路駅から徒歩8分 P 2台

D 中村軒（なかむらけん）
MAP 付録 裏 A-5
☎075-381-2650
所 京都市西京区桂浅原町61 時 7:30～18:00（茶店は9:30～17:45）休 水曜（祝日の場合は営業）交 阪急桂駅から徒歩15分 P 15台

C 京つけものもり 本社三条店（きょうつけものもり）
MAP 付録 裏 A-4
☎075-802-1515
所 京都市右京区西院金槌町15-7 時 9:00～18:00 休 無休 交 地下鉄西大路御池から徒歩8分 P 8台

おもたせ

京生麩

I クリケット
MAP P.93C-2
☎075-461-3000
所 京都市北区平野八丁柳町68-1 サニーハイム金閣寺1F 時 10:00〜18:00 休 火曜不定休 交 バス衣笠校前から徒歩2分 P なし

フルーツサンド 1200円
果物専門店のサンド。イチゴ、キウイなどフルーツ豊富

フルーツアイスバー 480円
フローズンフルーツを食べるようなアイス。夏季に登場 I

レモンゼリー 700円
フルーツが丸ごとくり抜かれたゼリー。酸味がさわやか I

H 麩嘉
MAP P.92F-3
☎075-231-1584
所 京都市上京区西洞院通椹木町上ル東裏辻町413 時 9:00〜17:00 休 月曜 交 地下鉄丸太町駅から徒歩10分 P 3台
※商品は要予約

栗麩 734円
国産餅栗を使用。鍋物、天ぷらなど H

麩嘉饅頭 5個入1200円
海苔を混ぜた生地にこし餡が入る名物 H

聚楽第 純米大吟醸 720ml 3300円
果実のような吟醸香が特徴の看板商品 K

聚楽第 大吟醸 エクストラプレミアム 720ml 5500円
聚楽第跡地の名水・銀明水を使用。3月〜数量限定 K

くろみつ 486円
沖縄、波照間産の黒砂糖を使用した黒蜜 J

しろみつ 378円
氷砂糖を使用。甘味のほかコーヒーにも◎ J

K 佐々木酒造
MAP P.92E-3
☎075-841-8106
所 京都市上京区日暮通椹木町下ル北伊勢屋町727 時 10:00〜17:00（小売部） 休 日曜、祝日 交 地下鉄二条城前駅から徒歩10分

J 北尾
丹波口本店
MAP 付録 裏 B-5
☎075-312-8811
所 京都市下京区西七条南中野町47 時 平日9:00〜17:30（土曜〜17:00） 休 日曜・祝祭日 交 市バス七条御前通から徒歩1分 P 2台

平安四神 ブラック 大吟醸（720ml）2750円
食前酒にもできる大吟醸は、やや辛口 K

平安四神 レッド 純米大吟醸（500ml）3300円
華やかな香りですっきりした口当たりの純米大吟醸 K

お酒

黒豆

丹波産の黒大豆や砂糖などを扱う老舗

京雑貨の粋

一生モノの特別な逸品を探しに。

京都で手に入れたいのは美しさと実用性を兼ねた生活道具。職人のセンスが光る京雑貨を名店に探しに行ってみよう。

ロングきりわら 3080円
手仕事で編まれたシュロ製品 A

棕櫚の小箒 1870円
職人による昔ながらの掃除道具 A

きりわら 1870円
わずかな埃も掃き出す箒 A

A 内藤商店
MAP P.72F-2
☎075-221-3018
所 京都市中京区三条大橋西詰北側 時 9:30〜19:30 休 不定休 交 京阪三条駅から徒歩2分 P なし

老舗の名品

伝統とモダンが調和 一目ぼれ京雑貨

トートバッグN-13 6600円
木モチーフのモノグラム柄。内ポケット付きで機能的 B

トートバッグ168 1万2100円
マチが広くて収納力抜群。A4サイズが縦横どちらにも入る B

B 一澤信三郎帆布
MAP P.51C-3
☎075-541-0436
所 京都市東山区東大路古門前上ル 時 9:00〜18:00 休 火曜（季節により異なる）交 市バス知恩院前からすぐ P なし

ちび丸 各3850円
京提灯の技法と和紙を用いたライト C

C 小嶋商店
MAP 付録 裏C-5
☎075-561-3546
所 京都市東山区今熊野椥ノ森町11-24 時 10:00〜17:00 休 日曜、祝日 交 市バス泉涌寺道からすぐ P なし

162

F 尾張屋
MAP P.51C-3 ☎075-561-5027
所 京都市東山区祇園前通大和大路東入ル西之町 時 8:00～19:00 休 不定休 交 京阪祇園四条駅から徒歩10分 P なし

祇園

E 永楽屋 細辻伊兵衛商店 本店
MAP P.73C-2 ☎075-256-7881
所 京都市中京区室町通三条上ル役行者町368 時 11:00～19:00 休 無休 交 地下鉄烏丸御池駅から徒歩3分 P なし

烏丸

D 竹笹堂
MAP P.73B-3 ☎075-353-8585
所 京都市下京区綾小路通西洞院東入る新釜座町737 時 11:00～18:00 休 水曜 交 市バス四条西洞院から徒歩2分 P なし

烏丸

かおり丸
2個396円
カラフルな餅花にお香をイン。虫よけ効果も F

町家手拭
舞妓さんの四季
1760円
季節の移ろいと舞妓さんをモダンに表現 E

ブックカバー
880円～
手摺りの木版画のブックカバー D

たから
10個（5色）396円
普段使いしやすいオリジナルブレンド F

香りもの

御朱印帳
3300円
手ぬぐいの生地を表紙に使用 E

布もの

コフレット 桃太郎
3300円
桃太郎がモチーフの木版画を使った、手の平サイズの小箱 D

紙もの

薫々シリーズ
ローズ
550円
お香専門店の特製。やさしい香り

がま口ポーチ
各5115円
京都の景色をモチーフにしたオリジナルの柄 H

御朱印帖
各3190円
伝統工芸紙・木版手摺りの京からかみを使用 G

薫々シリーズ
ラベンダー
495円
華やかでしっとりした香りが印象的

御朱印帳
各3025円
京都の山並みを表現した柄など、種類豊富 H

御朱印帖
各3190円
京唐紙の老舗が手がけるレトロモダンな柄 G

I 香老舗 松栄堂 薫々
MAP 付録 裏C-5 ☎075-693-5590
所 京都市下京区東塩小路高倉町8-3 JR東海 京都駅 八条口側1F アスティロード内 時 9:00～21:00 休 無休 交 京都駅からすぐ P なし

京都駅

H petit à petit
MAP P.51B-2 ☎075-746-5921
所 京都市中京区寺町通夷川上ル藤木町32 時 10:30～18:30 休 木曜 交 地下鉄京都市役所前駅から徒歩7分 P なし

河原町

G 唐丸
MAP P.72D-3 ☎075-361-1324
所 京都市下京区高辻通柳馬場西入ル泉正寺町460 時 10:00～17:30 休 月・日曜、祝日 交 地下鉄四条駅から徒歩6分 P なし

烏丸

京都駅みやげ

旅の終わりも楽しくなる京都駅みやげさがし。

みやげの宝庫の京都駅。出発直前までめぐりたいみやげスポット＆人気みやげはこちら。

人気スイーツ

地大豆の豆乳ロールケーキ 388円
生クリームと豆乳を合わせた、甘くないクリーム A

地大豆の豆乳チーズケーキ 388円
おぼろ豆腐と北海道産クリームチーズを使用 A

地大豆の豆乳カステラ 264円
豆乳を使用し、ふんわり＆しっとり食感に A

定番みやげ

茶の菓 10枚入1501円
お濃茶ラングドシャでホワイトチョコをサンド A E

- 近鉄電車改札口
- A みやこみち
- ホテル近鉄京都駅
- ジェイアール京都伊勢丹レストラン街［JR西口改札前 イートパラダイス］
- 京都総合観光案内所 京なび
- B ジェイアール京都伊勢丹
- ビックカメラ JR京都駅店
- 京都駅ビルインフォメーション
- 中央郵便局
- 京都駅ビル専門店街 The CUBE

季節の折詰 3996円
京料理の老舗・はり清が季節感たっぷりに作る※内容は季節により変更あり B

鯛ちらし 2916円
紫野和久傳が手がける。鯛の薄造りが主役 B

曜日限定

名代豆餅 2個400円
赤えんどうの塩気が効いたふわふわの絶品大福

定番みやげ

蕎麦ほうる 90g324円
そばと同じ材料に、砂糖と卵を加えた素朴な菓子 B

A みやこみち
MAP 付録 裏C-5
☎075-691-8384
時 レストラン11:00〜22:00、軽食・喫茶9:00〜20:00(店舗により早朝・深夜営業あり)、ショップ・サービス9:00〜20:00(一部店舗は20:00以降も営業) 休 無休

B ジェイアール京都伊勢丹
MAP 付録 裏C-5
☎075-352-1111
ジェイアール京都伊勢丹・大代表
時 10:00〜20:00(レストラン7〜10階11:00〜23:00、11階11:00〜22:00) 休 不定休

京みやげのなかでも、老若男女に人気が高いロングセラー。複数の施設で買えるものが多いので、リストでチェックしてまとめ買いしよう。行列や完売に当たっても、違う施設ではスムーズに購入できるかも。

王道京みやげ販売リスト

	茶の菓	阿闍梨餅	蕎麦ほうる	御池煎餅
近鉄名店街みやこみち	○	○	×	×
京都駅前地下街ポルタ	○	○	○	○
アスティ京都	○	○	×	○
ジェイアール京都伊勢丹	○	○	○	○
京都タワーサンド	○	×	×	×

C アスティ京都
MAP 付録 裏C-5
☎ 075-662-0741
（平日9:00〜17:00）
時 店舗により異なる
休 無休

人気スイーツ

SIZUYA PAN
240円〜
抹茶生地や栗入りなど常時10種以上のあんぱん C

nikinikiのバル
5個入1188円
一口サイズの上用饅頭。シナモン、レモンなど5種 C

限定商品

丸平がま口　1080円
カランコロン京都の京都駅限定店。ウロコ模様が特徴 C

定番みやげ

御池煎餅
22枚入1458円
もち米の粉を使った麩焼きせんべい。ふんわり軽い食感 C

D 京都駅前地下街ポルタ
MAP 付録 裏C-5
☎ 075-365-7528
時 10:00〜20:30（金・土曜は〜21:00）、レストラン11:00〜22:00（モーニング7:30〜）
休 不定休

Dari K プレミアム・チョコレート
5枚入1080円
ビターチョコをラングドシャ生地でサンド D

お濃茶フォンダンショコラ
生茶の菓
3個入751円
生チョコレートケーキのようななめらかさが魅力。京都限定品。 D E

人気スイーツ

定番みやげ

阿闍梨餅
1箱10個入1296円
もちもち食感の生地に、上品な粒餡がたっぷり入る D

［地図］
C アスティ京都
八条口
新幹線中央口
JR京都駅デリバリーサービス
ホテルグランヴィア京都
JR京都駅鉄道案内所
JR線中央改札
JR京都駅キャリーサービス
烏丸中央口
京都駅前市バス・地下鉄案内所
E 京都タワーサンド
D 京都駅前地下街ポルタ

生茶の菓アイスバー
1本250円
京都北山　マールブランシュ(1F)のお濃茶ソースにつけて味わう濃厚アイス。タワーサンド店限定 E

ochobo mini
各580円
UCHU wagashi(1F)の落雁。フレーバーは6種 E

京てぬぐい
各1045円〜
和雑貨とお香の専門店・井和井(1F)の動物柄手ぬぐい E

※写真はイメージ

最新グルメ&みやげが揃う
京都タワーサンド

E 京都タワーサンド
MAP 付録 裏C-5
☎ 075-746-5830（10:00-19:00）
所 京都市下京区烏丸通七条下る東塩小路町721-1 時 11:00〜23:00（B1F）、9:00〜21:00（1・2F）※一部店舗により異なる 休 無休 交 JR京都駅地下通路直結（徒歩2分）P なし

京都へのアクセス
電車・新幹線で行く

コレだけ押さえれば大丈夫！

バッチリ😊 残念😣 で簡単！お得で便利に！

特急

大阪・神戸・奈良からは特急や新快速でラクラク！

東京→京都がグッと安くなる！

ぷらっとこだま
こだま 東京・品川⇒京都（普通車指定席）

片道 1ドリンク + = 1万500円〜 旅行代金

※時期により料金が変動する
※途中乗降は不可
※前日までに要予約（来店申込みの場合）

JR東海ツアーズ 検索 http://www.jrtours.co.jp/

往復新幹線+宿のセットでとってもお得！

ぷらっと・旅 JR+宿
東京・品川・新横浜・小田原⇔京都（普通車指定席）

往復 + 宿 = 1万8700円〜 旅行代金

※往復新幹線と宿がセットでお得
※各宿泊施設の特典付きの場合もあり

JR東海ツアーズ 検索 http://www.jrtours.co.jp/

新幹線

新幹線などの鉄道を利用すれば、京都駅からの乗り換えもスムーズ！

バッチリ😊 **新幹線なら楽&早い 東京からの本数も多い！**
東京駅から最短2時間10分で到着。のぞみも10分に1本という本数の多さ。

残念😣 **春や秋の混雑シーズンは指定席がすぐ満席に**
観光シーズンの連休などは指定席がすぐに満席に。早めの予約がマスト。

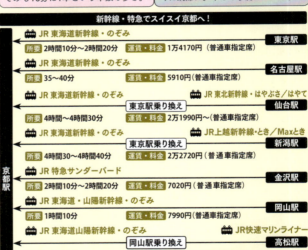

バッチリ😊 **お得なチケットで格安に旅できる**
料金が割引されるだけでなく、ドリンクサービスが付いているものなど、さまざまなメリットが。

残念😣 **キャンセル不可の場合もあり**
払い戻し不可のものは、購入前に予定を決めておくことが必要。

大人旅チョイス

青春18きっぷ 2410円でJRが1日乗り放題！

値段	1万2050円（5回セット）
有効期限	1日間（1人1回につき）
利用できる列車	普通車タイプ 自由席
発売場所	全国のJRの主な駅、JRの旅行センターおよび主な旅行会社で発売
問い合わせ	最寄りのJR各線の駅または発売代理店

※一部区間を除く
※BRT及びJR西日本宮島フェリーも乗車可

※掲載の情報は2020年6月現在のものです。運賃・時間などはあくまで目安であり、シーズン、交通情報により異なる場合があります。

166

京都 交通ガイド 1

飛行機で行く

LCC

ドッチツ 格安航空会社（LCC）を使えば札幌→関空が4990円！
機内サービスの簡略化などでコストを削減し、これまでにない驚きの格安運賃を実現！

残念 荷物預かりはほぼ有料。払い戻しやキャンセルはほぼ不可
基本的に払い戻しやキャンセルは不可。手荷物預かりや日時変更もほとんどが有料。

📞 **LCC 問い合わせ先**

| APJ（ピーチ・アビエーション） | ☎ 0570-001-292 |
| JJP（ジェットスター） | ☎ 0570-550-538 |

	APJ（ピーチ・アビエーション）	JJP（ジェットスター）
札幌（新千歳）	1日5便／4990円〜	1日2便／6930円〜
東京（成田）	1日3便／3590円〜	1日4便／4490円〜
福岡	1日4便／3990円〜	1日1便／4170円〜
沖縄（那覇）	1日4便／4990円〜	1日2便／5500円〜

※LCCの到着は関空のみ。

大人旅チョイス パックツアーを利用すれば2万円近く安くなることも！

たとえば楽天のツアーで予約すると…

航空	□ANA・JALから選択 □出発前日まで予約可
レンタカー	□会社も車種も選択可 □空港で受付！
ホテル	□幅広い選択肢から選べる □泊数も選べる 2泊3日2人で5万1200円!!

バラバラで予約すると…

航空代	4万6380円〜
レンタカー代	1万756円〜
ホテル代	1万2963円〜7万99円

約1万8899円もお得！

※2018年1月調べの1月料金

飛行機

関空・伊丹空港から京都へのアクセス

大阪・伊丹空港
- 烏丸駅・河原町駅 ←モノレール・阪急→ 所要1時間2分 料金760円
- 京都駅八条口など ←リムジンバス→ 所要1時間 料金1340円
- 市内目的地 ←スカイゲイトシャトル→ 所要1時間 料金3000円

関西国際空港
- 京都駅 ←特急はるか→ 所要1時間20分 料金2900円〜
- 京都駅八条口など ←リムジンバス→ 所要1時間30分 料金2600円〜
- 市内目的地 ←スカイゲイトシャトル→ 所要2時間 料金4300円〜

ドッチツ 早めに予約すれば最大71%OFFも！
航空会社によっては、早期予約を対象にしたプランも。早めに計画を立てて活用したい。

残念 キャンセル料金に要注意
航空券の種類によるが、料金の支払い後にはキャンセル料がかかる場合がほとんど。

電車の乗り継ぎが大変な遠方からは飛行機が便利！

ドッチツ 遠くからなら飛行機で関西へひとっ飛び
北海道や東北、九州などの遠方の場合、電車移動だとどうしても時間がかかる。飛行機が早くておすすめ。

残念 関空・伊丹から京都へ移動が必要
最寄りの空港は大阪空港と関西国際空港。いずれも空港からの移動時間を見込んでおこう。

予約

予約期限	航空会社	名称	東京・大阪間の割引率
75日前まで	ANA	旅割75®	約4割引き
75日前まで	JAL	ウルトラ先得®	約8割引き
28日前まで	ANA	旅割28®	約6割引き
21日前まで	JAL	特便割引21®	約8割引き

※搭乗日・路線によって割引率が異なる。予約変更不可などの条件あり

高速バスで行く

安いだけでなく、さまざまなタイプが登場して注目度も上昇

シートの列数によって料金が違う！

- 4列 = 片道3000円〜 トイレなしだが、トイレ休憩はあるので安心
- 3列 = 片道5000円〜 トイレ付きで、リクライニングも少しゆとりがある
- 2列 = 片道7900円〜 座席数が16席ほどのひろびろ快適空間。トイレ付き

※東京⇔京都の場合の目安

検索サイト
高速バスネット（JRバス）www.kousokubus.net/
楽天トラベル（高速バス）travel.rakuten.co.jp/bus/

▶ 東京→京都	3000円〜
▶ 仙台→京都	6000円〜
▶ 名古屋→京都	2500円〜
▶ 金沢→京都	2840円〜
▶ 広島→京都	3360円〜
▶ 高松→京都	4110円〜
▶ 福岡→京都	5400円〜

ドッチツ とにかく安くて東京から3000円のことも！朝から観光もOK
とにかく交通費を抑えたい人には最適。夜行バスなら朝京都に到着するので、一日丸ごと観光できるのも魅力。

残念 体力面と要相談…
移動時間が長いので体力が心配…という人は、高級路線のゆとりある座席のバスを選ぼう。

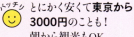

大人旅チョイス 快適ラクラクで人気進化系高速バス

ゆとりある座席に、女性専用席も設定
「グランドリーム号」
独立3列シート。より快適になった新型クレイドルシートに注目。
料金 6000〜1万1000円
西日本JRバス電話予約センター
☎ 0570-00-2424

眠りのための最適な環境を完備
ReBorn（リボーン）
プライベート空間を確保する3列独立シェル型シート。フラットに近い寝心地で足も伸ばせて快適♪
料金 1万1000円〜
問い合わせ先
WILLER TRAVEL
☎ 050-200-770
※「予約サイトWILLER TRAVEL」で検索

167

京都市内のアクセス

\\ 基本の3路線を押さえる！//

🚌 市バス

204
北大路バスターミナルを拠点に、大徳寺、金閣寺、岡崎方面、銀閣寺へ（この逆回りも）。
4〜5本／1時間

205
九条車庫を拠点に、東寺、京都駅、四条河原町、下鴨神社、さらに金閣寺方面・西大路通を経由し、京都水族館へも行く（この逆回りも）。
6〜8本／1時間

206
北大路バスターミナルを拠点に千本通を南下。四条大宮、京都駅、三十三間堂、五条坂、祇園へ（この逆回りも）。
千本通4〜5本／1時間　東山通7・8本／1時間

🚌 急行系統

100系統
三十三間堂、清水寺、祇園、永観堂、銀閣寺など。
7〜8分に1本運行

清水寺や二条城、金閣寺など、3路線が京都の主要観光地をつなぐ。

101系統
元離宮二条城、北野天満宮、金閣寺、大徳寺など。
15分に1本運行

102系統
銀閣寺、京都御所、北野天満宮、金閣寺など。
30分に1本運行

トクチョウ 😊 観光地にピンポイントで移動できる
バスは路線や系統が多いので、大半の名所の近くに停留所がある。

残念 😥 春・秋のトップシーズンは渋滞に注意
観光シーズンは渋滞の発生で、時刻表通りにバスが来ないことも。

トクチョウ 😊 230円均一で主要な観光地が巡れる
「京都観光ならココ」といえる代表的な観光地はほとんど網羅！

残念 😥 急行なので、すべてのバス停には停車しない
100番台の急行系統は通過する停留所がある。

1 バス

コンパクトに名所が集まる京都は、バスや地下鉄を上手に使いこなせば、観光もスムーズに楽しめる。

路線がたくさんあるので、事前に路線図で目的地までのルート確認を。

乗り方のキホン
● 後方ドアから乗って、前方ドアから降りる
※100・102系統は前乗り・後払い
● 運賃は後払い
※100・102系統は運賃先払い
● 均一区間が設けられている（市バス・京都バス）
● ICOCAやPiTaPa、Suicaなども利用できる

移動のキホン

ラインカラーでわかる！
市バスの行き先表示

バスに表示される方向幕にラインカラーが取り入れられ、どの方面にバスが運行するのかひと目でわかる仕組みに。

通りごとのラインカラー
- 西大路通（北野天満宮、金閣寺など）
- 河原町通（四条河原町、下鴨神社など）
- 千本通・大宮通（東寺、京都水族館など）
- 東山通（八坂神社、清水寺など）
- 堀川通（西本願寺、二条城など）
- 白川通（銀閣寺、詩仙堂など）

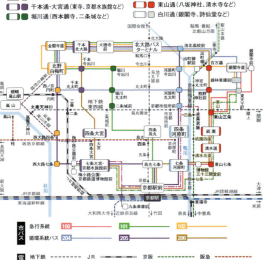

急行系統	100	101	102
市バス 循環系統	204	205	206

電車：地下鉄　JR　京阪　阪急　近鉄　叡電　嵐電

大人旅チョイス　夜遅くても安心便利なよるバス

かわらまち・よるバス
運賃 230円　**運行** 22:00（始発）〜23:30まで10分間隔で運行　**経路** 河原町三条（北）→四条河原町（南）→京都駅前

巻頭付録のバス路線図もチェック！

ぎおん・よるバス
運賃 230円　**運行** 毎日20:00〜21:30まで10分間隔で運行　**経路** 祇園（八坂神社前）→京阪祇園四条（南座前）→四条河原町（高島屋前）→四条烏丸（大丸前）→四条烏丸（地下鉄四条駅）→京都駅前
※2020年6月現在運休中。運行状況については要確認。

168

京都 交通ガイド 2

2 電車

スムーズ＆スピーディーに観光できる7つの主要鉄道をチェック。

乗り方のキホン
- PASMOはすべての鉄道で使用可能
- 運賃は区間によって異なる
- 地下鉄はすべて各駅停車
- 近鉄の特急は有料

バッチリ 観光シーズンも渋滞知らず
スピーディーな移動が可能スケジュール通りに観光するなら電車。

残念 乗り換えが複雑に感じる人も…
違う路線が交わる駅などは、乗り間違いに要注意。

7つの主要鉄道はこちら

街なかを走る → **地下鉄**	● 烏丸線と東西線がある。 ● 元離宮二条城→P.151 へ直通。
嵐山に直通 → **JR**	● 京都駅から嵐山→P.111 へ乗り換えなしでスムーズに移動できる。
東山に沿って → **京阪**	● 三十三間堂→P.153、東福寺→P.150、伏見稲荷大社→P.136 への移動に便利。
四条〜嵐山へ → **阪急**	● 街なかから嵐山→P.111 へ 15分！ ● 追加料金不要の特急も10分間隔で運行。
東寺から奈良へ → **近鉄**	● 東寺→P.152、伏見→P.139 方面へ行ける。 ● 奈良へも最短で38分。
一乗寺〜鞍馬 → **叡電**	● 一乗寺→P.68 や貴船・鞍馬→P.69 へ行ける。 ● 比叡山延暦寺へのケーブルにも接続。
嵐山や龍安寺に → **嵐電**	● 嵐山→P.111 と龍安寺→P.100、北野天満宮→P.106 などをつなぐ。

桜のトンネル

混雑時でもスイスイ！電車で行ける観光名所

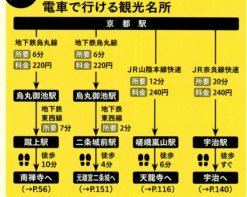

3 お得チケット

乗り放題などのお得なカードは、プランに合わせて上手に使おう。

残念 混雑時はバスが混んで使い切れないことも…!?
観光シーズンは移動に時間がかかって予定通りに回れないことも。

バッチリ 寺社や施設で優待特典があることも…！
拝観料の割引など、優待特典がある場合は積極的に利用しよう。

	一乗寺も貴船も	宇治・伏見方面に行くなら	地下鉄移動に	バス旅に	移動時間を短縮するなら	対象
チケット名	叡山電車	京阪電車	地下鉄	バス	地下鉄＆バス	
	叡山電車1日乗車券「えぇきっぷ」	宇治・伏見1dayチケット	地下鉄一日券	バス一日券	地下鉄・バス一日券（二日券）	
発売額	1200円	900円	600円	600円	1日900円・2日1700円	
こういうときに使う！	出町柳から鞍馬へ行き、途中下車を2回以上	京阪電車で宇治・伏見を巡る	地下鉄に1日3回以上乗る	バスに1日3回以上乗る	地下鉄と市バスを組み合わせて1日に2〜3か所巡る	
利用区間	叡電全線	フリー区間 石清水八幡宮〜伏見稲荷、中書島〜宇治、石清水八幡宮参道ケーブル 往復区間 淀屋橋〜橋本、中之島線全線、交野線全線	地下鉄全線	市バス・京都バス均一運賃区間	地下鉄全線・市バス全線 京都バス・京阪バス（一部路線を除く）	
オススメポイント	一乗寺、鞍馬、貴船へ。沿線施設での特典もあり！	宇治や伏見などのエリア内の各施設で優待特典あり！	二条城など、優待料金で入場できる施設もあり！	街なかはもちろん、市内の主な観光地へアクセスが可能！	地下鉄とバスでスムーズな移動！市内中心部から郊外まで網羅！優待特典付き	
販売場所	出町柳駅、修学院駅、鞍馬駅	淀屋橋〜橋本、中之島線、交野線の各駅	市バス・地下鉄案内所、地下鉄駅窓口など	市バス・地下鉄案内所、地下鉄駅窓口、バス車内など	市バス・地下鉄案内所、地下鉄駅窓口など	
問い合わせ	叡山電車運輸課 ☎075-702-8111（平日9:00〜17:00）	京阪電車お客さまセンター ☎06-6945-4560	市バス・地下鉄案内所 ☎0570-666-846（ナビダイヤル）	市バス・地下鉄案内所 ☎0570-666-846（ナビダイヤル）	市バス・地下鉄案内所 ☎0570-666-846（ナビダイヤル）	

4 観光バス

多彩なプランが用意される観光バスで、観光名所を効率よく巡ろう。

利用のキホン
- バスの座席は指定制が多い
- 代金は予約時や窓口で先払い
- 前予約がベター。
  当日でも空席があれば乗れる

スカイバス京都

屋根のないオープントップのバスから京都の街並みを楽しもう。バスから眺める名所はもちろん、開放感たっぷりのバスも人気！

運行日	ぐるっと一周ドライブは毎日10:00、13:00、15:00（時期により運休や臨時コースなどの運行あり）
販売場所	京都定期観光バス予約センター（075-672-2100）、HPにて予約
予約	乗車日の3か月前から（当日の予約も可）
問い合わせ	http://www.スカイバス京都.jp/

※ナレーションは日本語・英語・中国語・韓国語で放送。

トッテン 開放感ある**オープントップ**の座席から景色が楽しめる

いつもと違う角度から楽しむ京都の街並みが新鮮。風が感じられて気持ちいい。

残念 雨の日や炎天下での利用はちょっぴりハード

屋根がないので、雨の日や日差しが強い日は体力との相談を。雨天時はカッパの配布あり

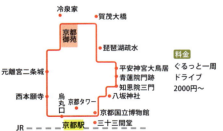

| 料金 |
| ぐるっと一周ドライブ 2000円〜 |

京都定期観光バス

その時季にもっともおすすめのプランが盛り込まれた人気のバスツアー。京都の見どころが集まるだけでなく、コース限定の特典や優待などもあるなど、お得なプランが揃う。

トッテン **人気スポット**を効率よく回ることができる

旬の京都を楽しめるプランが充実。時間の無駄なく名所を回れる。

残念 **個人行動の時間は限定される**

ツアーなので、他の参加者とスケジュールに沿って行動しよう。

販売場所	京都駅乗り場、WEB・電話予約優先
予約	乗車日の3か月前から（当日の申し込みも可能）※一部コースを除く
問い合わせ	京都定期観光バス予約センター ☎075-672-2100（7:40〜20:00）

| オススメプラン1 | 料金：5800円 |

京都三大名所〜金閣寺・銀閣寺・清水寺〜(A)

| オススメプラン2 | 料金：6600円 |

京都一日〜天龍寺と竹林嵐山・金閣寺・伏見稲荷大社〜(BE)

| オススメプラン3 | 料金：1万200円 |

お茶の香り宇治・平等院と萬福寺(D) ※食事付き

大人旅チョイス 食と観光を一緒に楽しむ**レストランバス**

2階建てオープントップバスで観光名所を巡りながら京会席を楽しもう。

京都レストランバス
☎0570-200-770
（受付10:00〜19:00）

所乗り場は京都駅八条口 **時**運行日・時間はHPで要確認 **料**7000円〜 **休**毎週水・金・土・日曜、隔週火曜催行 **交**天候により運行休止・中止の場合あり

京都 交通ガイド 3

5 タクシー

3つの主要タクシーはこちら
- 都タクシー ☎ 075-661-6611
- MKタクシー ☎ 075-778-4141
- ヤサカタクシー ☎ 075-842-1212

「とにかく効率よく観光したい！」という人には、タクシーがおすすめ。人数によってはお得な場合もあるので要チェック。

料金の目安（京都駅から）
- 高雄 4530円
- 金閣寺 2530円
- 仁和寺 2610円
- 大原 5490円
- 嵐山 3010円
- 西陣 1810円
- 銀閣寺 2210円
- 四条河原町 930円
- 祇園 1090円
- 南禅寺 1730円
- 東寺 690円
- 清水寺 1010円
- 平安神宮 1650円
- 京都駅

※最も一般的な運賃目安。季節・交通状況によって運賃の変動あり。

グループにおすすめ タクシーで快適移動！

家族や友達数人で行動するなら、タクシーの方が安上がりになる場合も。バスや電車のような待ち時間もないので、移動時間がぐんと短縮できる。

大人旅チョイス　多人数ならリーズナブル　快適な観光タクシー
京都の名所を巡る貸切の観光タクシーが話題。さまざまなテーマのモデルコースを用意している。
[料金の目安] 3時間1万6660円～（MKタクシー）
☎ 075-757-6212

残念　少人数で利用すると割高になることも…
時間の無駄なくスムーズに移動できる分、数名でシェアする以外は予算がかかる。

バッチリ　移動時間を短縮！重い荷物も持ち歩かなくて大丈夫
ピンポイントで移動できるので時間の無駄がなく、途中でおみやげが増えても安心。

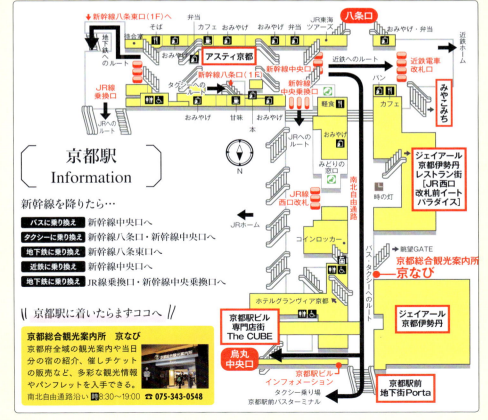

京都駅 Information

新幹線を降りたら…
- バスに乗り換え　新幹線中央口へ
- タクシーに乗り換え　新幹線八条口・新幹線中央口へ
- 地下鉄に乗り換え　新幹線八条東口へ
- 近鉄に乗り換え　新幹線中央口へ
- 地下鉄に乗り換え　JR線乗換口・新幹線中央乗換口へ

京都駅に着いたらまずココへ

京都総合観光案内所　京なび
京都府全域の観光案内や当日分の宿の紹介、催しチケットの販売など、多彩な観光情報やパンフレットを入手できる。
南北自由通路沿い　時 8:30～19:00　☎ 075-343-0548

171

そのときにしか
出合えない絶景があります！

京都歳時記

春、夏、秋、冬、どの季節も色彩豊か！イベントやグルメなど、
そのときだけの"旬"を意識してみると、旅の味わいもぐんと深まるはず。

3月
桜のつぼみがふくらみ、下旬には開花するところも。やわらかな陽の光に春の気配が感じられる。

京たけのこの旬は3〜5月頃

東山花灯路　3月上旬〜中旬
東山地域

「灯り」と「花」で東山の夜を彩る早春の風物詩。周辺の寺院・神社の特別拝観も

八坂の塔（法観寺）写真提供：京都・花灯路推進協議会

2月
暦の上では春とはいえ、まだまだ底冷えの寒さが続く。雪と梅の花の競演が見られることも。

九条ねぎの旬は1〜2月頃

節分祭　2月3日〜4日
市内各所

立春の前日に鬼を追い払って災厄を除く行事。吉田神社や廬山寺が有名

1月
京都市内の寺社の数は2000を超え、ご利益もさまざま。一年の始まりに、初詣はいかが。

聖護院だいこんの旬は10〜2月頃

初詣　1月1日
市内各所

商売繁昌のご利益で有名な伏見稲荷大社。初詣の参拝者数は西日本一！

9月
暑さがようやく落ち着きをみせ、萩の花が楚々と咲きそめる。味覚の秋がいよいよスタート！

丹波栗の旬は9〜10月頃

観月の夕べ　9月中秋
旧嵯峨御所　大本山大覚寺

平安時代の宮中の遊びを再現し、大沢池に舟を浮かべて観月を楽しむ

8月
堀川や鴨川で開かれる京の七夕や五山の送り火など、星空とのコラボレーションが心に響く。

鮎（あゆ）の旬は6〜8月頃

五山の送り火　8月16日
市内各所

大文字、妙・法、船形、左大文字、鳥居形の順に灯し、先祖の精霊を送る

7月
三方を山に囲まれた盆地であることから、蒸し暑い京の夏。夏グルメの代名詞・鱧で暑気払いを。

鱧（はも）の旬は7月頃

祇園祭　7月1〜31日
八坂神社〜四条烏丸周辺

宵山や山鉾巡行のほか、3基の神輿が出る神幸祭も必見。日本三大祭の一つ

▶P.10

▼観光客が少ない7〜8月がチャンス

比較的観光客が少なくなる夏が狙い目。1か月にわたり繰り広げられる祇園祭をはじめ、五山の送り火や納涼床など、フォトジェニックな夏の風物詩からは、千年の都の歴史と伝統を存分に感じられる。

▼一期一会の旅を満喫するコツ

美しい景色が刻一刻と移ろい、一年を通してさまざまな年中行事やイベントが開かれるので、どの季節に訪れても楽しめるのが京の旅の魅力。

桜や紅葉の頃が観光のトップシーズンだが、近年は冬や夏の観光客数も徐々に増えており、季節限定のグルメなども注目を集めている。どの季節も、混雑を避けるなら、早起きをして朝の時間をめいっぱい活用するのがおすすめだ。

6月
紫陽花が潤む梅雨も風情あり。30日には後半年の無病息災を願う「夏越の祓」が行われる。

5月
藤の花が咲き、瑞々しい若葉が輝きだす頃。「青もみじ」めぐりが近年のトレンド。

> 5月1日から9月30日まで京の奥座敷・貴船や鴨川沿いに涼やかな床席が出現
>
> 貴船の川床、鴨川納涼床　▶P.11　▶P.84

4月
薄紅色に染まる春が到来。お花見は、早咲きから遅咲きまで約1か月にわたって満喫できる。

桜

> 遅咲きといえば、仁和寺の御室桜。樹高が低いため、桜の雲海を歩くような気分に

> 東福寺や南禅寺、永観堂など、紅葉名所がすなわち青もみじの名所！一面の緑に安らぐ

青もみじ

夏越の祓　6月30日
市内各所

各神社に大きな「茅の輪」がお目見え。くぐることで厄が祓われるという

葵祭　5月15日
京都御所〜下鴨神社〜上賀茂神社

京都三大祭の一つ。輿に乗った斎王代を中心に、雅な行列が京大路を練り歩く　▶P.16

都をどり　4月
南座（※2021年予定）

春の訪れを告げる都をどり。「都をどりはヨーイヤサー」の掛け声で幕が開く

12月
13日の「事始め」で新年を迎える準備が始まり、師走モードが加速。雪景色に出合えることも。

11月
絶景といえば、の紅葉シーズンがスタート。紅葉名所では、趣向を凝らしたもみじ祭が開かれる。

10月
野菜や穀物で飾る御輿がシンボルの北野天満宮ずいき祭をはじめ、五穀豊穣に感謝する祭りが多数。

紅葉

> 思わず息を呑む壮大な景色からしっとりとした情景まで、紅葉ビューはさまざま！

ぐじ（甘鯛）の旬は10〜12月頃

松茸の旬は9〜11月頃

嵐山花灯路　12月上旬〜中旬
嵯峨・嵐山地域

嵯峨・嵐山地域を「灯り」と「花」で演出。嵐山の美しい景観を楽しめる
渡月橋ライトアップ 写真提供：京都・花灯路推進協議会

紅葉ライトアップ　11月中旬〜12月上旬
市内各所
ライトアップ人気が年々高まっている。昼とは異なる幽玄な雰囲気が魅力

時代祭　10月22日
京都御苑〜御池通〜平安神宮
京都三大祭の一つ。京都御苑から平安神宮まで、総勢2000人もの時代絵巻が圧巻

※イベント・行事の情報は2020年7月現在の情報です。日時は変更される可能性があります。

茶道資料館	[京都御所周辺]	110
て	哲学の道	[銀閣寺周辺]	59
	天龍寺	[嵐山]	116
と	東寺（教王護国寺）	[京都駅周辺]	8.13.152
	東福寺	[京都駅周辺]	12.150
	東林院	[金閣寺周辺]	104
	渡月橋	[嵐山]	14.118
	南禅寺	[南禅寺]	56
な	西本願寺	[京都駅周辺]	156
	二尊院	[嵐山]	121.130
	二寧坂	[清水寺周辺]	37
	仁和寺	[金閣寺周辺]	102
の	野宮神社	[嵐山]	122.127.130
は	白沙村荘 橋本関雪記念館	[銀閣寺周辺]	65
	花見小路	[祇園]	41
	比叡山延暦寺	[比叡山]	69
ひ	平等院	[宇治]	140
	平野神社	[北野天満宮周辺]	107
	びわ湖疏水船	[南禅寺周辺]	70
ふ	伏見稲荷大社	[京都駅周辺]	136
	伏見 十石舟	[伏見]	139
	船岡温泉	[西陣]	107
へ	平安神宮	[南禅寺周辺]	63
ほ	宝筐院	[嵐山]	125
	宝厳院	[嵐山]	117
	宝泉院	[大原]	151
	法然院	[銀閣寺周辺]	59
	細見美術館	[南禅寺周辺]	64
	保津川下り	[嵐山]	125
ま	松尾大社	[桂]	127
	松本酒造	[伏見]	139
	円山公園	[祇園]	40
み	御髪神社	[嵐山]	127
	三室戸寺	[宇治]	11.143
	宮川町	[祇園]	45
	妙心寺	[金閣寺周辺]	104
	無鄰菴	[南禅寺周辺]	70
も	元離宮二条城	[二条城]	16.151
や	八坂庚申堂	[清水寺周辺]	37
	八坂神社	[祇園]	40
	八坂の塔（法観寺）	[清水寺周辺]	37
ら	落柿舎	[嵐山]	125
	樂美術館	[京都御所周辺]	110
り	龍安寺	[金閣寺周辺]	100
る	瑠璃光院	[八瀬]	11.69
ろ	六道珍皇寺	[祇園]	48
	六波羅蜜寺	[祇園]	48

【食べる】

あ	AWOMB 祇園八坂	[祇園]	38.80
	あおい	[河原町]	82
	嵐山ぎゃあてい	[嵐山]	126
	嵐山 MITATE	[嵐山]	126
	% ARABICA 京都 東山	[清水寺周辺]	37
	% ARABICA 京都 嵐山	[嵐山]	126
	粟餅所・澤屋	[北野天満宮周辺]	108
い	eXcafe 京都嵐山本店	[嵐山]	126
	いけまさ亭	[河原町]	79
	一乗寺中谷	[一乗寺]	68
	いづ重	[祇園]	46
	逸品 はし長 鯛匠鯛	[烏丸]	75
	イノダコーヒ 清水支店	[清水寺周辺]	36
	イノダコーヒ本店	[烏丸]	90
う	梅園 清水店	[清水寺周辺]	46
	うめぞの茶房	[西陣]	88
お	黄檗山 萬福寺	[宇治]	144
	お数家いしかわ	[烏丸]	83
	おこぶ北清	[伏見]	144
	お茶と酒 たすき	[祇園]	44
	御室さのわ	[金閣寺周辺]	108
か	鍵善良房	[祇園]	43
	かさぎ屋	[清水寺周辺]	37
	菓子チェカ	[南禅寺周辺]	66
	CAFE1001	[北野天満宮周辺]	108
き	祇園にしかわ	[祇園]	75
	菊しんコーヒー	[清水寺周辺]	37

INDEX 索引

【見る】

あ	あじき路地	[祇園]	45
	あだし野念仏寺	[嵐山]	124
	嵐山の屋形船（嵐山通船）	[嵐山]	119
	安楽寺	[銀閣寺周辺]	59
い	石塀小路	[清水寺周辺]	38
	一念坂	[清水寺周辺]	37
	一本橋	[南禅寺周辺]	64
	今宮神社	[大徳寺周辺]	107
	インクライン	[南禅寺周辺]	62
う	宇治上神社	[宇治]	156
え	永観堂（禅林寺）	[南禅寺周辺]	12.59
	えびす屋嵐山總本店	[嵐山]	120
	圓光寺	[一乗寺]	13.68
	圓徳院	[清水寺周辺]	39
	厭離庵	[嵐山]	125
お	大河内山荘庭園	[嵐山]	121
	大豊神社	[南禅寺周辺]	59
	岡崎さくら・わかば回廊十石舟めぐり	[南禅寺周辺]	62
か	桂離宮	[桂]	128
	何必館・京都現代美術館	[祇園]	43
	上賀茂神社	[上賀茂]	156
	上七軒	[北野天満宮周辺]	107
き	祇王寺	[嵐山]	122
	祇園白川	[祇園]	44
	北野天満宮	[北野天満宮]	106
	貴船の川床	[貴船]	11
	貴船神社	[貴船]	69
	旧嵯峨御所 大本山 大覚寺	[嵐山]	17.123
	京都国立近代美術館	[南禅寺周辺]	65
	京都市京セラ美術館	[南禅寺周辺]	24
	京都市動物園	[南禅寺周辺]	62
	京都大学	[銀閣寺周辺]	65
	京都鉄道博物館	[京都駅周辺]	154
	京都文化博物館別館	[烏丸]	154
	京都霊山護國神社	[清水寺周辺]	45
	清水寺	[清水寺]	24.32
	金閣寺（鹿苑寺）	[金閣寺]	98
	銀閣寺（慈照寺）	[銀閣寺]	59
く	鞍馬寺	[鞍馬]	69
け	月桂冠大倉記念館	[伏見]	144.146
	建仁寺	[祇園]	42
こ	高山寺	[高雄]	129
	高台寺	[清水寺周辺]	38
	御香宮神社	[伏見]	146
	金戒光明寺	[銀閣寺周辺]	65
さ	西明寺	[高雄]	129
	嵯峨嵐山文華館	[嵐山]	130
	嵯峨野トロッコ列車	[嵐山]	125
	三十三間堂（蓮華王院）	[京都駅周辺]	153
	三千院門跡	[大原]	152
	産寧坂	[清水寺周辺]	36
し	重森三玲庭園美術館	[銀閣寺周辺]	64
	詩仙堂	[一乗寺]	68
	地蔵院	[桂]	128
	下鴨神社	[下鴨神社周辺]	156
	修学院離宮	[一乗寺]	68
	将軍塚青龍殿	[祇園]	45
	常寂光寺	[嵐山]	121.130
	正寿院	[宇治]	148
	青蓮院門跡	[南禅寺周辺]	60
	神護寺	[高雄]	129
	真如堂	[銀閣寺周辺]	65
す	随心院	[醍醐]	17.150
	鈴虫寺	[桂]	128
せ	清凉寺	[嵐山]	121.130
	赤山禅院	[一乗寺]	68
	千本釈迦堂（大法恩寺）	[西陣]	107
た	醍醐寺	[醍醐]	156
	退蔵院	[金閣寺周辺]	105
ち	知恩院	[祇園]	45
	竹林の道	[嵐山]	120

【買う】

あ	朝日焼 shop & gallery	[宇治]	142
	アスティ京都	[京都駅]	165
	有次	[河原町]	79
い	一澤信三郎帆布	[南禅寺辺]	162
	一保堂茶舗	[河原町]	160
う	打田漬物 錦小路店	[河原町]	79
	魚力	[河原町]	79
	裏具	[祇園]	46
え	永楽屋 細辻伊兵衛商店 本店	[烏丸]	163
お	老松 嵐山店	[嵐山]	126
	尾張屋	[祇園]	163
か	カクカメ	[金閣寺辺]	108
	かづら清老舗	[祇園]	47
	かみ添	[西陣]	109
	亀末廣	[烏丸]	158
	唐丸	[烏丸]	163
き	キザクラカッパカントリー	[伏見]	146
	北尾 丹波口本店	[丹波口]	161
	京あめクロッシェ 京都本店	[河原町]	159
	京菓子司 末富	[烏丸]	158
	京つけものもり 本社三条店	[太秦]	160
	京都駅前地下街ポルタ	[京都駅]	165
	京都タワーサンド	[京都駅]	165
	金竹堂	[祇園]	46
く	クリケット	[金閣寺辺]	161
こ	香老舗 松栄堂 薫々	[京都駅]	163
	小嶋商店	[京都駅周辺]	162
	こんなもんじゃ	[河原町]	79
さ	嵯峨豆腐 森嘉	[嵐山]	126
	佐々木酒造	[二条城周辺]	161
し	ジェイアール京都伊勢丹	[京都駅]	164
	七味家本舗	[清水寺周辺]	46
	しののめ	[上賀茂]	160
	新風館	[烏丸]	24
そ	蒼穹	[祇園]	158
	総本家いなりや	[京都駅周辺]	144
た	竹笹堂	[烏丸]	163
	たま木亭	[宇治]	144
	多聞堂	[鞍馬]	69
ち	CheerUp！	[南禅寺周辺]	66
てら	寺島屋弥兵衛商店	[宇治]	144
な	内藤商店	[河原町]	162
	中村軒	[桂]	128.160
に	nikiniki	[河原町]	159
は	PASS THE BATON KYOTO GION	[祇園]	44
ふ	麩嘉	[京都御所周辺]	161
	藤岡酒造	[伏見]	146
	petit à petit	[河原町]	163
ほ	本田味噌本店	[京都御所周辺]	160
ま	マールブランシュ 加加阿365 祇園店	[祇園]	159
	万治カフェ	[祇園]	159
み	みなとや幽霊子育飴本舗	[京都駅]	48
	みやこみち	[京都駅]	164
や	八百三	[烏丸]	160
	山元馬場商店	[河原町]	79
ゆ	湯葉弥	[丹波口]	160
り	緑寿庵 清水	[銀閣寺辺]	66

【イベント】

	葵祭	[市内各所]	16
	祇園祭	[市内各所]	10
	嵐山花灯路	[嵐山]	119
	斎宮行列（野宮神社）	[嵐山]	122

【泊まる】

	パーク ハイアット 京都	[清水寺周辺]	24
	星のや京都	[嵐山]	119

	喫茶静香	[北野天満宮周辺]	108
	喫茶ソワレ	[河原町]	87
	キッチンパパ	[北野天満宮周辺]	108
	木山	[京都御所周辺]	75
	京極かねよ	[河原町]	76
	京都鴨川倶楽部	[河原町]	84
	京都 権太呂 本店	[河原町]	77
	京都モダンテラス	[南禅寺周辺]	63
	京のおばんざい わらじ亭	[西院]	83
	京町家茶房 宗禅	[西陣]	108
	京ゆば処 静家 西陣店	[西陣]	81
	京料理 木乃婦	[烏丸]	75
	切通し進々堂	[祇園]	46
	祇をん 豆寅	[祇園]	46
	銀閣寺喜み家	[銀閣寺辺]	66
く	クリケット	[北野天満宮周辺]	108
	黒豆茶館 北尾 京の台所・錦店	[河原町]	79
こ	COFFEE HOUSE maki	[下鴨神社周辺]	90
	GOSPEL	[銀閣寺辺]	66
	小鍋屋 いさきち	[祇園]	85
さ	堺萬	[烏丸]	74
	酒処 Bar えん	[伏見]	144
	茶菓円山	[祇園]	46
	さらさ西陣	[西陣]	108
	茶寮 八翠	[嵐山]	118
	茶寮宝泉	[下鴨神社周辺]	88
し	SIONE 京都銀閣寺本店	[銀閣寺辺]	66
	精進料理 篩月	[嵐山]	81.117.126
	松籟庵	[嵐山]	126
	志る幸	[河原町]	75
	進々堂 京大北門前	[銀閣寺辺]	66
す	スマート珈琲店	[河原町]	87
	SLOW JET COFFEE 高台寺	[清水寺周辺]	39
せ	ZEN CAFE	[祇園]	43
そ	総本家ゆどうふ 奥丹清水	[清水寺周辺]	36
	蕎麦屋 にこら	[西陣]	108
た	大極殿本舗 六角店 甘味処 栖園	[烏丸]	88
	鯛匠 HANANA	[嵐山]	126
	丹 tan	[南禅寺周辺]	90
ち	朝食 喜心 kyoto	[祇園]	90
つ	通圓	[宇治]	144
	築地	[河原町]	87
	辻利兵衛 本店	[宇治]	143
て	D & DEPARTMENT KYOTO	[烏丸]	81
	デザートカフェ長楽館	[祇園]	155
と	東華菜館 本店	[河原町]	84
	豆腐料理 松ヶ枝	[嵐山]	126
	とが乃茶屋	[高雄]	129
	登希代	[祇園]	83
	鳥せい本店	[伏見]	139
な	中村藤吉本店 宇治本店	[宇治]	145
	南禅寺 順正	[南禅寺周辺]	67
	仁王門 うね乃	[河原町]	77
に	錦市場	[河原町]	78
	二條若狭屋 寺町店	[河原町]	89
は	bar K 家 別館	[河原町]	85
ひ	ひさご	[清水寺周辺]	46
	日の出うどん	[南禅寺周辺]	66
	平野屋	[嵐山]	124
	「楓樹」フォーシーズンズホテル京都	[祇園]	155
ふ	福寿園 宇治茶工房	[宇治]	144
	伏水酒蔵小路	[伏見]	144.146
	フランソア喫茶室	[河原町]	86
ほ	本家尾張屋 本店	[烏丸]	77
	先斗町 百練	[河原町]	84
ま	まつは	[烏丸]	81
み	晦庵 河道屋 本店	[河原町]	77
む	無碍山房 Salon de Muge	[祇園]	39
	村上開新堂	[河原町]	154
も	茂庵	[銀閣寺辺]	66
	MOTOï	[京都御所周辺]	85
や	やい 本店	[祇園]	46
ゆ	遊形 サロン・ド・テ	[河原町]	89
	夢二カフェ 五龍閣	[清水寺周辺]	36
ら	La Voiture	[南禅寺周辺]	66
り	RYORIYA STEPHAN PANTEL	[京都御所周辺]	81
わ	和栗専門 紗織 – さをり –	[祇園]	24

日本の美をたずねて 大人絶景旅 京都 '21-'22年版

STAFF

編集制作	エディットプラス
取材・執筆	エディットプラス 泡☆盛子
写真協力	水野秀比古 中田昭 鈴木誠一 マツダナオキ 京小町踊り子隊 便利堂 関係各寺社 関係各施設 朝日新聞出版 PIXTA Shutterstock Photolibrary
表紙デザイン	bitter design 矢部あずさ
本文デザイン	bitter design 矢部あずさ 岡澤輝美 田口奈央
地図制作	s-map
イラスト	岡本倫幸
組版・印刷	大日本印刷株式会社
企画・編集	朝日新聞出版 岡本 咲 白方美樹

大人絶景旅
京都 '21-'22年版

2020年7月30日 第1版発行

編 著　朝日新聞出版

発行者　橋田真琴

発行所　朝日新聞出版
　　　　〒104-8011　東京都中央区築地5-3-2
　　　　電話 (03)5541-8996(編集)
　　　　　　(03)5540-7793(販売)

印刷所　大日本印刷株式会社

©2020 Asahi Shimbun Publications Inc.
Published in Japan by Asahi Shimbun Publications Inc.
ISBN　978-4-02-333985-9

定価はカバーに表示してあります。
落丁・乱丁の場合は弊社業務部(電話03-5540-7800)へご連絡ください。
送料弊社負担にてお取り替えいたします。

本書および本書の付属物を無断で複写、複製(コピー)、引用することは
著作権法上での例外を除き禁じられています。
また代行業者等の第三者に依頼してスキャンやデジタル化することは、
たとえ個人や家庭内の利用であっても一切認められておりません。

本書に掲載されている地図の作成に当たっては、国土地理院長の承認を得て、同院発行の電子地形図25000を使用した。(承認番号　平30情使、第562号)